Kryptowährung Prognosen

Inhalt

Die Details, die Sie über Kryptowährungen wissen sollten ... 5

Kryptowährungen mit dem größten Einfluss und Ruhm ... 7

Die besten Websites und Tools zur Vorhersage von Kryptowährungspreisen ... 10

Wege zur Vorhersage des Anstiegs und Falls von Kryptowährungspreisen ... 16

Nachrichten über Kryptowährungen mit Zukunft ... 20

Die Must-Read-Portale, um die Zukunft der Kryptowährungen zu messen ... 22

Die wichtigsten Prognosen für Kryptowährungen ... 28

Ethereum-Futures-Preis und Prognosen ... 30

Zukunftseinschätzungen über Nano ... 35

Dogecoin Preis Vorhersagen ... 37

XDAI Preisvorhersagen ... 40

Ripple (XRP) Terminpreis-Analyse ... 42

Alle Trends hinter Dash ... 45

Geschätzter zukünftiger Kurs von Cosmos (ATOM) ... 47

Chiliz Preisentwicklung und Prognosen ... 49

Polkadot und seine nahe Zukunft in der Preisklasse ... 50

VeChain's Terminpreise als Vorhersagebeispiel ... 54

Tipps zur Berechnung des zukünftigen Wertes einer Kryptowährung ... 55

Quellen für die Vorhersage der Zukunft von Kryptowährungen ... 59

Implementierung der technischen Analyse, um die Zukunft der Kryptowährungen zu messen ... 62

Die zuverlässigsten Prognosemärkte ... 73

Die Rolle von Google Trends ... 75

Anwendung der Fundamentalanalyse bei der Bestimmung der Zukunft von Kryptowährungen..77

Leitfaden für die Zukunft und Trends von Kryptowährungen

In der Welt der Kryptowährungen gibt es viele Entscheidungen, die auf einem hohen Maß an Ungewissheit basieren, insbesondere hängt jedes Szenario vom Jahr ab, in dem Sie dilettieren, und von externen Ereignissen, die den Preis desselben beeinflussen, und das Jahr 2021 wird als eine Gelegenheit zur finanziellen Erholung dargestellt.

Die Investition auf Vermögenswerte ist eine moderne Realität, vor allem, um jede Ebene der Liquidität zu behaupten, aus diesem Grund sind Kryptowährungen immer noch ein Trend zu erhöhen und kümmern sich um Einkommen, diese brillante Alternative erfordert nur das Verständnis des Potenzials der einzelnen, um ihre Bewegungen zu nutzen.

Die Details, die Sie über Kryptowährungen wissen sollten

Der Fluss von Kryptowährungen ist sogar eine übliche Tatsache über soziale Netzwerke, da diese digitalen Währungen die Protagonisten einer großen Anzahl von Transaktionen sind, dank der Tatsache, dass sie als digitale

Vermögenswerte klassifiziert werden, da sie ein Netzwerk von Computern sind, was bewirkt, dass es keine externe Kontrolle gibt, sondern eine dezentralisierte Entwicklung.

Physische Währungen zu haben, wird unter dieser Modalität beiseite gelassen, wobei jede Kryptowährung etwas Besonderes ist, weil sie eine einzigartige Kryptographie hat, weshalb sie das bevorzugte Mittel der Online-Zahlung sind, hinter jeder steht eine Vielzahl von Algorithmen, die aus Verschlüsselung und Techniken bestehen.

Es gibt mehr als 10.000 virtuelle Währungen in der Welt, und dieser Trend ist auf dem Vormarsch, da immer mehr auftauchen. Da es sich um eine Dynamik handelt, die als ICO klassifiziert wird, unterscheidet sich diese Art von Währungen durch die Art der Technologie, der Verschlüsselung und der Philosophie, die sie unterstützen.

Da neue Kryptowährungen auftauchen, tun dies auch Plattformen, die Kryptowährungstransaktionen erleichtern, obwohl es entscheidend ist, Transaktionsnetzwerke mit Wallets zu unterscheiden, viel weniger andere Kaufplattformen, die alle als Ressourcen für Transaktionen mit Kryptowährungen betrachtet werden.

Nach den letzten Nachrichten dieser Medien wird prognostiziert, dass die Blockchain eine größere Konsolidierung von Kryptowährungen haben wird, was bedeutet, dass die Investitionen in diese Währungen zunehmen, also ist es wichtig zu wissen, welche davon boomen oder eine Zukunft haben, um in diesem Medium erfolgreich zu sein.

Kryptowährungen mit dem größten Einfluss und Ruhm

Derzeit besitzt ein riesiger Satz von cryptocurrencies seine Konsolidierung der Zeit, und zusätzlich zu allen, sie haben einen Ruf für ihre Rentabilität, das ist, warum sie als die Vermögenswerte des Augenblicks, die Sie nicht übersehen können einige Investitionen auf die folgenden definiert sind:

1. Bitcoin (BTC)

Zweifelsohne stellt Bitcoin eine der bekanntesten und renommiertesten Kryptowährungen weltweit dar, dies liegt auch an seiner Bedeutung als Pionier-Asset dieser Welt, seine Erschaffung im Jahr 2008 war es, was ein so breites finanzielles Umfeld entstehen ließ, und mit seiner 10-jährigen Flugbahn bedeutet es eine Option von großem Vertrauen.

Seit seiner Einführung, bis heute, hat es eine bemerkenswerte Wertsteigerung gehabt, wodurch es als führend auf diesem digitalen Markt eingestuft wird, jenseits der Höhen und Tiefen, die es hat, aus diesem Grund wird es immer als eine Kryptowährung konzipiert werden, der man Aufmerksamkeit und Interesse widmet.

2. Ethereum (ETH)

Dabei handelt es sich nicht um eine Kryptowährung, sondern um eine breit angelegte Plattform, die dezentralisiertes Computing entwickelt, d.h. es handelt sich um einen riesigen Computer, der auf eine große Anzahl von Rechnern verteilt ist, wodurch die Aktionen gleichzeitig ausgeführt werden.

In der Mitte dieses Vertriebsnetzes, gibt es Operationen, die von der Ether-Währung durchgeführt werden, wobei der Vermögenswert, der Stärke zu diesem Netzwerk hinzufügt, seit seiner Gründung, eine große Zunahme der historischen Wert wurde im Jahr 2020 visualisiert, wodurch es ein Ziel selbst für sein Boom sein.

3. Binance-Münze (BNB)

Binance ist als eine Krypto-Börse entwickelt, und seine offizielle Währung ist die Binance Coin, sein Design ist auf die

Unterstützung von Transaktionen, die auf dieser Plattform durchgeführt werden, so dass die Entwickler, die Teil der Börse sind, versuchen, das Interesse an diesem Token unter Projekte im Zusammenhang mit der Blockchain zu erhöhen.

4. Cardano (ADA)

Die Transaktionen dieser Kryptowährung sind mit der dritten Generation der Blockchain verbunden, als Zeichen der Auflösung von Fehlern oder Problemen im Zusammenhang mit der Skalierbarkeit, wie es bei Ethereum der Fall ist, so dass dieser Vermögenswert mit großer Geschwindigkeit über diese Branche gewachsen ist und den Wert bis zu 45 Mal in einem Jahr erhöht hat.

Die Unterscheidung dieser Kryptowährung basiert auf den mathematischen Prinzipien, die auf dem Konsens-Mechanismus verwendet werden, ohne die Architektur, die sie hat, zu verlassen, was dazu führt, dass sie über den Blockchains anderer Kryptowährungen bemerkt wird, weshalb viele auf die Zukunft dieser Kryptowährung wetten.

5. Tether (USDT)

Er stellt eine stabile Währung dar, was bedeutet, dass sein Umlauf auf dem Gegenwert von Fiat-Währungen basiert, dies können der Euro, der Dollar und sogar der japanische Yen sein, sein Design hat mit der Verbindung oder dem Kauf zwischen Fiat-Währungen und Kryptowährungen zu tun.

Die Durchführung von Transaktionen auf diese Weise, bietet Transparenz, und zur gleichen Zeit ist eine Kostenersparnis von jeder Operation, in diesem Fall ist mit dem US-Dollar verbunden, unter einem 1 zu 1-Verhältnis, wobei ein Begriff des Wertes, die etabliert hat, so ist es ein Mittel, um den Austausch von großer Popularität.

Die besten Websites und Tools zur Vorhersage von Kryptowährungspreisen

Die Analysen, die sich auf die Zukunft der Kryptowährungen konzentrieren, sind vielfältig, sie alle versuchen, einen Punkt der Gelegenheit zu finden, um mit größerer Nachhaltigkeit zu investieren, aus diesem Grund, bevor Sie einen Schritt machen, ist es wichtig, jedes der Online-Tools zu konsultieren, die eine Vision der zukünftigen Preise dieser Vermögenswerte bieten können.

- **TradingBeasts.com**

Der Devisenhandel ist eine volle Spezialität für diese Plattform, die für die Präsentation von Projektionen auf der Grundlage der verschiedenen technischen Analysen, die durchgeführt werden können, verantwortlich ist. Die Informationen, die von diesem Portal zur Verfügung gestellt werden, sind wesentlich, weil sie helfen, die Risiken über jede Operation zu erkennen.

Zum Thema Kryptowährungen gab es signifikante Steigerungen von bis zu 3000%, was eine großartige Möglichkeit ist, um alle Fragen zu beantworten, bevor man in eine Kryptowährung investiert, es ist eine garantierte Antwort für jede Art von Interesse bei der Wahl einer Investition.

Der Handel, der auf cryptocurrencies vorhanden ist, ist in der Tiefe untersucht, so dass mehr Benutzer können darauf abzielen, schnell reich zu werden, für diese ist es wichtig, jeden Aspekt einer solchen sich verändernden Markt zu untersuchen, daher die Bestimmung der Preis kann die zukünftigen Aktionen zu entwickeln klären.

Seine Bestimmung zielt darauf ab, die Regel des Kaufens niedrig und des Verkaufens hoch zu vereinfachen, aus diesem Grund wird jede der Bewegungen, die auf dem Graphen sind, verfolgt, zusätzlich zur Berücksichtigung, dass es angesichts der Wirkung bestimmter Technologie oder einiger Finanzierungen und sozialer Netzwerke zu einem deutlichen Anstieg des Preises kommen kann.

Aber die Investition ist immer noch ein riskanter Weg, vor allem für Händler, die ein hohes Maß an Unwissenheit haben. Deshalb ist es besser, den Hinweisen oder Schätzungen dieser Website zu folgen, weil sie jeden Optimismus durch konkretere Daten fördern können.

- **Brieftaschen-Investor**

Die Prognosen dieser Plattform können auch für eine Investition von 10 Dollar erworben werden, wobei eine weitere der Alternativen, die angefallen werden können, um ein Auge auf die Zukunft der cryptocurrencies zu halten, hat es auch top oder Bewertungen über die Bewegungen der cryptocurrencies.

Diese Art von Plattform bietet einen Vorteil gegenüber dem Kryptowährungsmarkt und sogar gegenüber anderen Vermögenswerten, da sie einen Prognosebereich zur Verfügung stellt, in dem Sie die Art der Kryptowährung sowie den Bereich dieses Preises in der Zukunft wählen können, ohne die individuelle Ansicht hinter jedem Vermögenswert zu verlassen.

Die Updates auf einige Vermögenswerte sind alle 3 Minuten produziert, die Suche nach den neuesten Preisen durch technische Analyse, aber zusätzlich zu diesem wird durch eine intelligente Überwachung begleitet, die gesamte Auswahl der Vermögenswerte hat diese Art der Behandlung, so dass jeder, der auf der Suche nach Leistung ist, kann Antworten finden.

Es besteht kein Zweifel, dass für eine Investition, die profitabel werden soll, zuerst der aktuelle Moment studiert werden muss, bis man zu einem Ergebnis kommt, das die Zukunft bestimmen kann. Auf persönlicher Ebene erleichtert diese Plattform die Einführung eines Intervalls, das es erlaubt, Entscheidungen mit größerer Sicherheit zu treffen.

- **Krypto Boden**

Abgesehen davon, dass es ein wichtiges Werkzeug ist, um die Zukunft der Kryptowährungen zu verfolgen, funktioniert es auch als ein Portal, das die Nachrichten über jeden Vermögenswert, verwandte Unternehmen oder Berühmtheiten präsentiert, das heißt, es ermöglicht eine persönliche Analyse über den Preis der Kryptowährung unter Berücksichtigung des externen Faktors zu machen.

Auf der anderen Seite basiert alles auf dem Studium der Technologie, die von Kryptowährungen zusätzlich zur Blockchain entwickelt wurde, es dient als Medienplattform, um Nachrichten zu präsentieren, dies hilft dem Publikum, diese Ankündigungen mit einer auffälligen Analyse zu berücksichtigen.

Das Engagement herrscht über die Ausgabe von Nachrichten, sowie unvoreingenommene Berichte über jede Kryptowährung, die Anstrengung ist wertvoll, um genau die Flugbahn von einigen Preis zu folgen, wobei eine Qualität Ausgabe von Experten, die Teil der digitalen Währung Gemeinschaft sind.

Die Dynamik dieser Nachrichten, ist eine große Hilfe, um mehr über cryptocurrencies und Blockchain zu lernen, da 2017 ist ein Mittel der Aufmerksamkeit, auf die gehen jeder der Benutzer, die durch cryptocurrencies halten Investitionen, verwaltet, um Genauigkeit zu gewinnen, wenn die Durchführung jeder Schritt.

- **Longforecast.de**

Es ist als eine Einheit konzipiert, die sich ganz der Projektion von Kryptowährungen widmet und als The Economic Forecasting Agency bezeichnet wird. Es ist eine Spezialität, jeden der Finanzmärkte vor allem langfristig zu messen, zu diesem Zweck werden Indikatoren verwendet, die als genaue Prognosen funktionieren können.

Um ein Ergebnis eines zukünftigen Preises zu generieren, werden mathematische Methoden entwickelt, so dass die Statistik selbst für die Erstellung von Vorhersagen verantwortlich ist, wobei der historische Aspekt im Vordergrund steht, ohne die Bedeutung der Korrelation bestimmter Marktereignisse oder -vorfälle außer Acht zu lassen.

Die starke Seite dieser Art von Instrumenten ist, dass es möglich ist, auf das zu spekulieren, was passieren wird, zusätzlich zur Implementierung bestimmter Logarithmen, die es erlauben, alle Aktionen zu regulieren, die in Bezug auf Kryptowährungen entwickelt werden, wobei es von Bedeutung ist, Schritte auf lange Sicht zu unternehmen.

Zusätzlich ist es wichtig zu bedenken, dass es für jede Art von Kryptowährung maßgeschneiderte Tools gibt, so dass eine Analyse zu einer spezifischeren führt, d.h., wenn man ein produktives Asset wählt, dann wendet sich die Forschung seinem speziellen Verhalten auf individueller Basis zu.

Wege zur Vorhersage des Anstiegs und Falls von Kryptowährungspreisen

Um den zukünftigen Preis von Kryptowährungen zu kennen und im Auge zu behalten, ist es unerlässlich, die Schwankungen zu analysieren, die bei diesem Vermögenswert auftreten. Das ist es, was Verluste bei der Investition verhindert:

- **Transaktionen in Devisenhäusern**

Es ist ein direkter Weg, um zu wissen, jede der Schwankungen, die innerhalb des Marktes auftreten, so dass durch die Verfolgung dieser Aspekte, können Sie wissen, die Trends der Kauf und Verkauf von cryptocurrencies auf der ganzen Welt, diese Art von Daten wird von digitalen Währung Austausch Unternehmen.

Veröffentlichungen in Echtzeit sind ein wichtiger Leitfaden, um mit größerer Sicherheit zu investieren, es ist ein Ökosystem, das wesentliche Daten liefert, da sie absolut zuverlässig sind, um gute Zeiten für Investitionen zu erkennen, was Sie also überprüfen sollten, sind die Wechselkurse und einige andere Informationen dieser Art.

Andererseits können verschiedene Filter eingesetzt werden, um bestimmte Bewegungen zu unterscheiden. Inmitten dieser Dynamik, dem Steigen und Fallen zukünftiger Preise, können Sie sich ein Bild machen oder zumindest spekulieren, ohne sich von zu vielen Informationen leiten zu lassen.

Die Überwachung von Schlüsseln ermöglicht es, die Zukunft von Kryptowährungen klar zu erkennen, und lässt dabei alle überschüssigen Informationen beiseite, das ist die Antwort, um eine langfristige Investition auf einer viel sichereren Basis zu tätigen.

- **Foren und Chats**

Manchmal, anstatt nur die Informationen online zu erforschen, kann es sogar diskutiert werden, um eine viel intensivere Überwachung zu haben, weil es erlaubt, jedes Stück Information zu teilen, bis es einen Standpunkt zu einer Kryptowährung erzeugt, so dass der Kontakt mit Dritten sehr nützlich sein kann.

Derzeit gibt es eine Reihe von Chats, die für die Öffentlichkeit zugänglich sind, wobei jeder auf eine Kryptowährung spezialisiert ist. Indem man sich die Informationen ansieht, die auf diesen Portalen übertragen werden, kann man optimale Schritte unternehmen, und Änderungen und Schwankungen werden unter dieser Art von Analysemitteln berücksichtigt.

Das Engagement zu kommentieren, was auf dem Markt passiert, ist eine wichtige Orientierung, da in Momenten können Sie Hinweise und sogar Ratschläge erhalten, aber Sie können nicht sündigen, um jede Entscheidung blind zu machen, da sie Spekulation Umgebungen sind, eine der zuverlässigsten ist bitcointalk.org, oder der Fall von Cryptonoticias.

• **Expertenbeobachtung und Nachrichten**

Die Investitionsbewegungen werden auch im Voraus von Experten in Kryptowährungen neu erstellt, ihre Meinung ist wertvoll zu betrachten oder als eine Art von Beratung zu schätzen, das Wesentliche ist, dass sie Quellen sind, die Wissen besitzen, aber zur gleichen Zeit, die Einkommen als eine Probe ihrer Weisheit erzeugt.

Heutzutage kann man Nachrichten finden, die sich eingehend mit dem Preis befassen, und vor allem Beobachtungen über das Verhalten der Börsenhäuser behandeln. Wenn diese Meinungen von Experten kommen, können sie ein Schlüssel oder eine Determinante für den Wert des Vermögenswertes in zukünftigen Zeiten sein.

Die Hingabe, jedem Anstieg und Fall zu folgen, wird heutzutage von vielen Experten gemacht, dies kann zu Gunsten einer professionellen Sichtweise geschehen, diese Art von Nachrichten verliert das Verhalten, das auf den Vermögenswerten existiert, nicht aus den Augen, das begünstigt den Markt zur gleichen Zeit.

- **Roboter-Funktion**

Derzeit werden Anwendungen verwendet, die der beste Verbündete eines Investors werden, dies geschieht mit dem Werkzeug, das als CryptoPing bekannt ist, dies ist verantwortlich für die Überwachung des Marktes, es ist auch ein Dienstprogramm von einer Plattform, um nicht aus den Augen zu verlieren, die Daten, die den Markt übereinstimmen.

Diese Art von Netzwerk, folgt eng jedem der Ereignisse, die Teil von Poloniex, Cryptoopia und auch Bittrex sind, wo es auf die Kryptowährung Studie konfiguriert werden kann, die von Ihrem Interesse ist, das heißt, es ist Funktionen, die vollständig angepasst sind, um die Variablen zu sammeln, die Teil davon sind.

Der Roboter ist Teil der Plattform, und arbeitet direkt mit Telegram, bald wird erwartet, dass es Fortschritte zu Slack und Discord, die Funktion ist, dass es eine Emission von Daten automatisch, so dass, wenn es ein wichtiges Phänomen auf dem Markt, ein Signal ausgegeben wird, um zu handeln.

Aber diese Art von Roboter, für den Moment ist auf die Bewegungen der Börse Häuser konzentriert, aber die Vorhersagen sind die nächste Funktion aufgenommen werden, wobei eine ideale Modalität, um den Puls von dem, was passiert extern in den Markt, diese Maßnahmen sind Teil dieser Konzentration oder Lesen, dass der Markt verdient.

Nachrichten über Kryptowährungen mit Zukunft

Der Start von bestimmten Kryptowährungen kann eine Frage der Zeit sein, so dass, je mehr Sie die Aufmerksamkeit auf diese Aspekte zu widmen, in einem Zeitraum von Zeit kann erhebliche Gewinne entstehen, so ist es wichtig zu berücksichtigen, die folgende Auswahl von Vermögenswerten zu untersuchen, bevor sie in die Zukunft investieren.

- **Kryptoeuros**

Diese Alternative ist mit den Nachrichten, die die Beziehung zwischen der Europäischen Zentralbank zu unterstützen, und die Ausgabe von Krypto-Euros, wobei eine Tatsache, die viele Vorteile auf einer kommerziellen Ebene auferlegt, vor allem für den täglichen Gebrauch, dass das digitale Geld auf diesem Kontinent hat, so ist es als ein Aussehen, das Kosten reduziert präsentiert.

- **Fedcoin**

Es ist eine Kryptowährung, die in den Vereinigten Staaten entworfen wurde, sie wird als Ersatz für den Dollar auferlegt, von der Absicht seines Designs versucht, eine Lösung für Banker zu sein, da es eine internationale Währung und gleichzeitig digital werden würde, was die Risiken reduzieren könnte, die durch die Wirtschaft selbst verursacht werden, wie Hyperinflation.

- **Facebook Kryptowährung**

Der Vermögenswert, der Facebook repräsentiert, bekannt als Libra, ist eine Kryptowährung, die die Unterstützung von mehr als 100 Unternehmen hat, aber im Laufe der Zeit hat sie Änderungen erhalten, die die Dynamik von PayPal simulieren, anstatt einem traditionellen Modell wie Bitcoin zu ähneln und sich so als finanzielle Neuheit innerhalb eines sozialen Netzwerks zu etablieren.

Jede dieser Nachrichten sind nur der Anfang von allem, was in der Welt der Kryptowährungen passiert, weil es erforderlich ist, aufmerksam auf jede Information zu sein, die ankündigen kann, was die nächste Konsolidierung von Vermögenswerten sein wird, ermöglicht es Ihnen, die Kryptowährung oder Kryptowährung zu wählen, die Trend in der Zukunft erzeugen wird.

Die Must-Read-Portale, um die Zukunft der Kryptowährungen zu messen

Sobald Sie darüber nachdenken, in die Welt der Kryptowährungen zu investieren, ist es unerlässlich, den ganzen Hype, der sich darum dreht, zu konsultieren, da dies Daten sind, die den zukünftigen Preis, den dieser Vermögenswert darstellen wird, beeinflussen und jede Investitionsmaßnahme verstärken, die durch die Verfolgung jedes Projekts zu einer Realität wird.

Es geht nicht nur darum, genaue Schätzungen zu halten, sondern auch darum, sich über jeden Trend oder jede Neuigkeit zu engagieren, da sie Faktoren von großer Macht über den Preis sind, indem man sich auf diese Weise engagiert, können profitablere Entscheidungen getroffen werden, aber bevor man irgendeine Art von Ranking von Websites erstellt, denen man folgen sollte, ist es wichtig zu wissen, wie man die beste für sich unterscheidet.

- **Zusammenarbeit von Portalen mit betrügerischen Brokern**

Einige Websites unterstützen diese Art von Geschäften oder Ausgaben, das bedeutet nicht, dass die Portale schlecht sind, aber Sie können sich nicht vollständig auf diese Art von Medien verlassen, da es möglich ist, dass es Aufträge oder Vereinbarungen mit einem Makler gibt, der keine Regulierung hat, also sollten Sie vor der Investition diese Frage berücksichtigen.

- **Häufigkeit nach Veröffentlichungen**

Jede Werbeanzeige muss mit einer Häufigkeit ausgestattet sein, daher können Sie einem Medium nicht vertrauen, das irgendeine Art von Veröffentlichung seit 2017 besitzt, denn das bedeutet, dass es aufgegeben und sogar veraltet sein kann, außerdem ist es wichtig zu prüfen, ob die Quellen zitiert werden, um die Möglichkeit zu haben, solche Daten zu überprüfen.

- **Einfachheit der Navigation**

Diese Art von Portal kann eine große Menge an Inhalten bieten, aber wenn es überlastet ist, bietet es keinen Nutzen, da die benötigten Informationen nicht leicht zugänglich sind.

Anhand dieser Kriterien wurde eine Reihe von Webseiten ausgewählt, die diese Suche erleichtern, da die neuen Produkte in effizienter Weise präsentiert und auf ihre Zuverlässigkeit geprüft werden, wie z. B. die folgenden:

1. Marktkapitalisierung der Münzen

Es gilt als ein Web-Portal vollständig auf cryptocurrencies gewidmet, es hat eine riesige und vollständige Liste über die Börsen, sowie die Preise und Volumina, die auf dem Markt sind, unter einem Update, das für jeden Benutzer nützlich ist, hat es eine Entwicklung seit 2013.

Darüber hinaus wurden seine Daten von verschiedenen internationalen Medien wie CNBC, Bloomberg und anderen relevanten Medien berücksichtigt, während es Informationen über alle Kryptowährungen und gleichzeitig über die Börsen auf dem Markt bereitstellt, was eine personalisierte Analyse ermöglicht.

Die Ausstellung von Graphen, auch als Daten von großem Wert, wo der Markttrend genau verfolgt wird, zusammen mit allen Details dieser Sektoren, ohne beiseite zu lassen, dass es eine Liste von Themen und Wörterbücher, die helfen, jede Bewegung von cryptocurrencies gemacht genau zu folgen.

Es hat Sprachverfügbarkeit, sowohl in Englisch und Spanisch, und hat sogar eine mobile Version, um die Übertragung dieser Anwendung zu erleichtern, seine Informationen Unterstützung auch in einem umfassenden Blog, die Ihnen erlaubt, jedes Stück von Informationen über die jüngsten Fragen im Zusammenhang mit cryptocurrencies erreichen übersetzt.

2. **Cointelegraph**

Es gilt als eines der größten Blogs und Online-Folgen, es hortet jede Bewegung über die Kryptosphäre, es wurde seit 2013 entwickelt, und hat physische Standorte in der ganzen

Welt, jedes Thema ist fokussiert und bestimmen Markttrends, so dass der Investitionsansatz sicher ist.

Alle Arten von Daten, die von Wert zu investieren, ist auf diesem Portal, zu diesem ist der Vorteil, es hat Indizes der Marktpreise zu finden, und auch die Meinung von Experten auf diese Ergebnisse, ist es wichtig, jedes Mal über cryptocurrencies lernen, hat mobile Anwendung, und die Verfügbarkeit in Spanisch und Englisch.

3. **Coingecko**

Es entspricht einer der beliebtesten Websites online, es wurde im Jahr 2014 gegründet, und seine Spezialität ist auf der Grundlage eng nach dem Wachstum der einzelnen Vermögenswerte, mit einem Engagement auf die Interessen der Krypto-Community gerichtet, auf der anderen Seite, die Vorteile dieser Website basieren auf der Analyse der Marktstimmung und Benutzer.

Die starke Seite dieser Plattform ist, dass sie eine Verfolgung der Marktkapitalisierung ausgibt, daher werden Kryptowährungen auf der Grundlage dieser Bewegung positioniert, mit einer detaillierten Aufzeichnung jedes einzelnen, zusätzlich zur Untersuchung jeder der Exchange, um ein sehr detailliertes Forum zu schaffen, was in der Welt der digitalen Währungen geschieht.

Die Studie der Website ist in Englisch und Spanisch präsentiert, seine Funktionen können auf die Verwendung einer Anwendung, die Sie haben die Schaufel bei der Messung der Zukunft der Preis von cryptocurrencies ermöglicht vereinfacht werden.

4. Coindesk

Es wird als Nachrichtenportal präsentiert, ist seit 2013 in Betrieb, hat einen physischen Hauptsitz und verfügt über ein Experten-Monitoring zu jeder der Kryptowährungen in der Welt und präsentiert Artikel, die Klarheit über den Preis dieses Vermögenswertes ausstrahlen, indem sie seine Entwicklung messen, indem sie jedes Detail des Marktes genau verfolgen.

Es gibt wirklich spezialisierte Forschung über die Bewegungen der cryptocurrencies, die negative Seite ist, dass es eine Website nur in Englisch hat, aber seine Funktionen können unter der Einfachheit einer mobilen Anwendung durchgeführt werden.

Die wichtigsten Prognosen für Kryptowährungen

In die Projektion der Welt der Kryptowährungen sind viele Leute involviert, wie z.B. der Fall von John McAfee, dem Gründer von McAfee, der dafür verantwortlich war, den Anstieg von Bitcoin öffentlich zu verkünden, in Richtung von Zahlen oder Werten von einer Million Dollar, aber er lag überhaupt nicht richtig.

Es besteht kein Zweifel, dass der Bitcoin, eine der Kryptowährungen mit der größten Transaktion oder Kapitalisierung darstellt, dies nimmt die Aufmerksamkeit eines jeden Benutzers heute, vor allem seit im Jahr 2017 diese Kryptowährung stieg über $ 20.000, seitdem hat es eine Menge von Höhen und Tiefen gelebt.

Die Bewegungen dieser Kryptowährung haben bis zu einer Rallye von mehr als 300% erzeugt, wobei ein bullischer Weg, der kein Ende zu haben scheint, so dass die Prognosen über diesen Vermögenswert im Überfluss auf dem Markt, am Anfang jede Prognose ist weit hergeholt, aber im Laufe der Zeit einige kommen, um bestätigt werden.

Im Fall von Bitcoin, die JP Morgan als eine Bank von großer Bedeutung in der Welt, die in Bloomberg geteilt, dass die Währung einen Preis von $146.000 erreichen kann, wobei eine langfristige Vision, bedeutet dies, dass es vielleicht nicht passieren in diesem Jahr, aber es ist als eine Wette auf die Zukunft präsentiert.

Der Preis dieser Kryptowährung in der Zukunft, im Jahr 2021 befindet sich über 50.000 Dollar, wobei ein Punkt, der überschritten wurde, so dass der Preis dann zielt darauf ab, über 128.000 Dollar vor allem für den Monat November oder Ende des Jahres 2021 mit einer Frist bis 2025.

Auf der anderen Seite präsentiert die Agentur Reuters einen Preis über $100.000 im laufenden Jahr, dies stellt in der Regel nur dar, dass dies optimistische Analysen sind, und vor allem, dass sie in der Nähe des Datums sind, so dass die Berücksichtigung der Meinung dieser Experten in Kryptowährungen ist eine interessante Grundlage.

Die Maßnahmen auf Bitcoin sind nicht begrenzt, daher, wie zuvor ausgedrückt, sie erreichen über eine Million Dollar, wobei eine positive Linie für eine Kryptowährung, daher ist es als eine bevorzugte Alternative zu investieren Denken in die Zukunft auferlegt.

- **Die Zukunft von Bitcoin bestimmen**

Die Einstufung, die Bitcoin derzeit hat, ist bullish, das bedeutet, dass er als positive Investition für die Zukunft verstanden wird, da er am 26. April 2021 einen Wert von 54.073,90 USD hat, wenn Sie also heute 100 Dollar kaufen, entspricht das einer Summe von 0,00185 BTC.

Basierend auf den jüngsten Prognosen, die auf einen langfristigen Anstieg hindeuten, wird bis zum Jahr 2026 ein Wert von 160.621 $ erwartet, was dazu führt, dass diese 100 $-Investition in etwa 5 Jahren eine Rendite von 197,04 % erzielt, d. h. die Investition würde 297,04 $ erreichen, was eine sehr deutliche Beispielmaßnahme darstellt.

Ethereum-Futures-Preis und Prognosen

Die Positionierung von Ethereum hat eine große Anzahl von Kryptowährungen verdrängt, und die Versprechen auf diesem Sektor nur auf ein schnelles Wachstum hinweisen, ist dies aufgrund der schnellen und effizienten Transaktion, so dass der Betrieb von Ethereum, ähnelt Bitcoin, da es eine autonome Blockchain, die ihre eigenen Vermögenswert hat.

Diese Kryptowährungsprojekte haben derzeit eine große Relevanz, sie sind Teil der Blockchain-Technologie selbst, was dazu führt, dass Transaktionen schnell durchgeführt werden, auch über den Bitcoin, in der Regel investieren auf diesen Vermögenswert mit einem spekulativen Ansatz, Geld zu verdienen, indem Sie Hebelwirkung.

Der Vorteil des Wachstums von Ethereum ist sein Betrieb im Netzwerk, aus diesem Grund hat es auch große Popularität über die Blockchain-Technologie, ist es wichtig, zwischen Ethereum als das Netzwerk, das die Blockchain macht zu unterscheiden, stattdessen ETH dient als die Form der Zahlung, wobei die Kryptowährung in Wirklichkeit.

Die Entwicklung dieser Dynamik, präsentiert eine bullische Entwicklung in Bezug auf Ether, wo die Aufnahme des Algorithmus als Proof-of-Stake erkannt Einflüsse, zusätzlich zu den DeFi Vorfälle, wobei eine Ethereum 2.0 Erneuerung, die durch den Anstieg der Bitcoin erzeugt wird, da alle die Aufmerksamkeit auf diese Kryptowährung ist.

Allerdings ist eine große Anzahl von Investoren, lieber auf Ethereum 2.0 als eine weltweit anerkannte Kapitalisierung Projekt zu konzentrieren, das ist, warum ETH 2.0 Investmentfonds wurden diese Argumente der Wertsteigerung eröffnet, nur dazu führen, dass eine größere Anzahl von Menschen, diese kommerzielle Wahl beizutreten.

Die Suche nach der Erzielung eines großen Einkommens, hat sich unter der Begeisterung, die der Wert von Ethereum besitzt, aufgelöst, wobei die folgenden Aspekte hervorstechen:

- **DeFi**

Die letzten Jahre haben ein bemerkenswertes Wachstum von DeFi präsentiert, so dass Finanzen vollständig dezentralisiert und haben den zusätzlichen Schub von dApps, diese DeFi Unternehmen erlauben, Kreditvergabe Dienstleistungen unter Bezugnahme auf Ethereum Blokchain zu erweitern, durch die Bildung von Export intelligente Verträge.

In einigen Fällen mit 100 ETH kann auf dem Markt angeboten werden, unter einem Darlehen Modus, so dass ein anderer Benutzer kann es durch die Bedingungen, die auf den smart Vertrag festgelegt sind, im Austausch für die Garantie des Kreditnehmers, diese Art von Dienstleistung, Ursachen, die Sie erhalten können, ein Interesse im Austausch für die ETH.

Diese Art von Aktion hat keine große Flugbahn, aber es ist eine Industrie, die im Laufe der Zeit wächst, eine große

Menge von Projekten verwenden ETH, die positive Linie ist, dass es einen positiven Einfluss hat, daher ist das ratsamste, was zu tun ist, diese Updates genau zu verfolgen.

- **Einbindung von Sharding**

Sharding wird bekannt als ein Prozess, bei dem das Ethereum-Netzwerk geteilt wird, die Bereiche, in denen es verteilt ist, werden als "Shards" bezeichnet, was dazu führt, dass eine große Anzahl von Transaktionen zur gleichen Zeit stattfindet, der Algorithmus schreibt vor, dass jeder der Knoten Daten einbezieht, um einen rechnerischen Konsens zu erreichen.

Im gleichen Tempo das Ethereum-Netzwerk wurde schrittweise wachsen, aber dies wiederum bewirkt, dass die Anzahl der Transaktionen und Bergleute, das Leben zu einem Engpass, auf die Probe stellen angesichts der technischen Grenzen, mit der Kapazität des Systems, die jede Aktion zu realisieren erlaubt.

Diese Art von Situation, wurde durch Fragmentierung behandelt, wobei eine andere Art von Datenverarbeitungsfunktionen, aber diese Verbesserungen wurden nicht integriert, aber Ethereum 2.0 wurde erstellt, wie es als ein unabhängiges System, das die ursprüngliche Struktur übertrifft entwickelt wird, dies geschah am 2. Dezember 2020.

• Ethereum im Jahr 2021

ETH ist von einem Teil des Anstiegs von Bitcoin betroffen, da derselbe Aufwärtstrend auf diese Kryptowährung zutrifft. Wenn sich der Anstieg von Bitcoin stabilisiert, wirkt sich dies ebenfalls auf andere Vermögenswerte aus, was bedeutet, dass, wenn Bitcoin auf dem Höchststand ist, dasselbe mit ETH passiert.

Der Wert von ETH steigt in der Regel in Dollar, dank der Unterstützung der Preise anderer Kryptowährungen, obwohl durch verschiedene Studien visualisiert wird, dass das Verhältnis zwischen ETH und BTC abnimmt, aber Ethereum ist immer noch ein idealer Weg, um große Gewinne zu generieren, jedoch ist jedes Projekt dem Scheitern ausgesetzt.

• Prognosen der Handelsexperten

Hinter den Fans von Ethereum, gibt es eine große Ermutigung für die Einführung von bestimmten Derivaten wie CME, wobei eine Ausgabe für den 8. Februar 2021 geplant ist, diese Theorie wird von Tyler Smith verteidigt, wobei ein echter Befürworter von ETH, die seinen Standpunkt auf der Hausse von cryptocurrencies hält.

Auf der anderen Seite wird der Handel mit Ethereum-Futures von führenden Finanzinstituten der Welt angeboten und befolgt, so dass die Investition in ETH sicherer ist und mit einer Regulierung, die Vertrauen schafft, daher fordern sie, dass ETH-Derivaten vertraut werden sollte.

Diese Art der Bewegung von CME, ist ein Teil des Schubs, der den Preis von ETH erhöhen wird, als der am ehesten mögliche Punkt für Ethereum, um ein Rekordhoch im Jahr 2021 zu erreichen, vor allem mit der positiven Reichweite, die der Preis von BTC hat, als ein Einfluss auf ATH als eine positive Fortsetzung zu begleichen.

Zukunftseinschätzungen über Nano

Nano wurde 2015 auf den Markt gebracht und wird seitdem als Open-Source-Kryptowährung präsentiert, die nicht nur eine nachhaltige Marktbewegung hat, da sie einige Ineffizienzen anderer Kryptowährungen korrigiert, sondern auch unter einem sehr schnellen Netzwerk entwickelt wird und frei zugänglich ist.

Allerdings ist die Entwicklung dieser cryptocurrency, führt die Delegated Participation Test, suchen, dass die Delegierten teilnehmen können, so dass es keine betrügerischen Transaktionen dazwischen, die Vorhersagen über Nano von Wallet Investor, ist, dass es einen Sturz bis Ende 2020 präsentieren wird.

Auf der anderen Seite, Studien von Trading Beasts, bleiben optimistisch, da sie eine Wachstumsprognose, die um den Preis von $1.99 USD sein kann, während Crypto Info Base, detailliert, dass im Jahr 2025 wird es ein Wachstum von bis zu $4.3 USD, dies ist aufgrund der Tatsache, dass die Arbeit immer noch auf diese cryptocurrency, um die Geschwindigkeit zu erhöhen.

Das heißt, mit einer viel effizienteren Betriebs- oder Handelsweise kann es dazu führen, dass der Preis am Ende des Jahres steigt, so dass die Vorhersage Investitionen von bis zu 5 Jahren anzeigt oder empfiehlt, um eine endgültige Bewertung von $21.501 USD zu präsentieren, was jetzt vielleicht unmöglich ist, aber in der Zukunft eine Einkommensquelle sein kann.

Dogecoin Preis Vorhersagen

Die Behandlung und der Respekt für die Dogecoin Kryptowährung, kann ein wirtschaftlicher Erfolg werden, es ist auch ein Vermögenswert, der die Unterstützung und die Anhängerschaft der Gemeinschaft hat, vor allem, weil seine Geburt oder Herkunft mit einem Meme verbunden ist, das einen Witz verursacht, um Wert zu gewinnen und sich in einer Kapitalisierung von 300 Millionen Dollar zu beteiligen.

Der fortschreitende Erfolg von Dogecoin, der eine gewisse Erwartung über die Preisvorhersage erzeugt, ist in der Geschichte, die er darstellt, mit dem Code verbunden, der für Litecoin verwendet wird, aber seine wirkliche Qualität ist sein lustiger Ansatz, der Humor als Kampagne selbst verwendet, um ihn der Welt zu präsentieren.

Seit den Anfängen der Kryptowährung wurde sie auf Wohltätigkeitsprogramme und jede andere Art von ähnlichem Thema implementiert, so dass sie das Vertrauen des Marktes gewann, wo die Reddit-Gemeinschaft eine Menge mit ihrem Wissen zu tun hatte, zusätzlich zu anderen Arten von sozialen Plattformen.

Die Marktkapitalisierung von Dogecoin wurde von keinem Analysten vorhergesehen, da sie trotz des auffälligen Rückgangs immer noch Höchststände verzeichnet, was sie abschließend zu einer der 30 herausragendsten Münzen auf dem Markt macht, mit einer Rendite von 300%.

Der Ruhm, den diese Kryptowährung besitzt, ist, abgesehen davon, dass es sich um eine bärische Projektion handelt, auf kurzfristige Investitionen zurückzuführen, was dazu führt, dass Prognosen mehr mit einer detaillierten Analyse ihrer aktuellen Bewegungen zu tun haben, zu der noch hinzukommt, dass sie, je mehr Ruhm sie erlangt, weiterhin eine trendige Kryptowährung sein wird.

In Ländern, in denen das Finanzsystem unterliegt Abwertungen, die Aufnahme von Doge sowie Dash hat als Lösung gedient, dies bewirkt, dass sein Nutzen zu einer anderen Alternative zu Fiat-Währungen angebracht werden, dass die Art der Auswirkungen legte den Preis von Dogecoin, in einem Anstieg von bis zu 100%.

Diese Art von Preisreaktion wurde dank einer viralen Veröffentlichung auf TikTok erreicht, und dass eine Mining-Farm aufgedeckt wurde, aber vorher ist es wichtig, Vorsichtsmaßnahmen zu treffen, um keine Kaufentscheidungen auf der Grundlage einiger Veröffentlichungen zu treffen, aber die Börsen stiegen, als diese Kryptowährung von Binance integriert wurde.

• Technische Analyse für Dogecoin

Durch TradingView wurden verschiedene Analysen zu Dogecoin hinzugefügt, aber es ist wichtig zu berücksichtigen, dass es sehr wenig Erfahrung mit dieser Art von Studie gibt, daher kann die erwähnte Plattform als Werkzeug genutzt werden, um Klarheit bei Kaufentscheidungen zu haben.

Unabhängig von den niedrigen Kosten dieser Währung, ist es kein Hindernis für den Grad der Popularität, die es besitzt, das ist, was es erlaubt, eine nachhaltige Rate zu haben, und der Prozentsatz, der gesenkt werden soll, ist minimal, abgesehen davon, dass es Teil des gleichen Anteils ist, der für die Zukunft vorhergesagt wurde.

Basierend auf den Ergebnissen, um das Wachstum von Doge zu messen, ist es für das Jahr 2020 und 2025 geschätzt, durch WalletInvestor Quellen, es schlägt eine Maßnahme von 1 Dollar, das ist der Traum der Benutzer, die Reddit gehören, wobei eine sehr erwartete Ergebnis derzeit, das Wesentliche ist, dass es noch am Leben ist, wenn viele das Gegenteil vorhergesagt.

- **Befürwortungen von Elon Musk und anderen Berühmtheiten**

Die bullische Linie von Doge wurde erweitert, als Prominente wie Elon Musk und Snoop Dog sich dafür aussprachen, was ein Volltreffer für den Trend war. Das Beste von allem ist, dass es für kleine Investoren verfügbar ist, mit einer großen Erwartung, von der Neubewertung im Markt zu profitieren.

Der Preis eines Teils dieser Kryptowährung ist deutlich gestiegen und erreicht 10,5 Milliarden Dollar, aus diesem Grund ist es weltweit hoch bewertet, die Pause des Anstiegs wurde durch die Unterstützung von Elon Musk motiviert, wie oben erwähnt, das Interesse steigt wegen dieser Ereignisse.

Diese Art von Aktionen, empfehlen oder machen denken, dass Elon Musk als eine Art Pate über diese Gemeinschaft handelt, dies wurde von anderen Art von Persönlichkeiten, die eine klare Unterstützung emittieren verbunden, diese Art von Einfluss ist ein Trend zu setzen, wobei ein Moment, der kurzfristig, macht es eine profitable Anlage.

XDAI Preisvorhersagen

In der Mitte der Starts der cryptocurrency Welt, POA Netzwerk hat sich durch die Präsentation der nativen

Währung, die diese stabile Dynamik in USD beitritt, dies ist bekannt als XDAI Kette, es ist bekannt als eine kompatible Kette zu sein Teil von Ethereum, durch DAI als eine native Währung, die zu dem Netzwerk gehört.

Das Wissen und gleichzeitig die Technologie, die das POA-Netzwerk besitzt, ist Teil der Zusammensetzung von DAI, aber seine Verbindung ist direkt mit dem US-Dollar, wo es an seinem höchsten Punkt ist, da es die Kapazität für niedrige Transaktionen hat, bei schnellen Transaktionszeiten.

Aufgrund dieser Art von Eigenschaften ist es eine Kryptowährung, die als eine Möglichkeit verwendet wird, um tägliche Transaktionen durchzuführen, ohne zu vergessen, dass XDAI als ein Derivat der DAI-Kryptowährung konzipiert ist, was dazu führt, dass es eine Kryptowährung ist, die mit einem Vermögenswert verbunden ist, der stabil ist.

Für den Aufwärtstrend ist es wichtig, XDAI-Mobilität zu erhalten, sowohl über die Dex Wallet Mobile App als auch über die Poketto XDAI Mobile Wallet, obwohl diese beiden Optionen nur für das iPhone verfügbar sind, um von den Transaktionsgebühren und der Geschwindigkeit jeder Transaktion zu profitieren.

Die Unterscheidung, die diese Kryptowährung mit DAI hat, basiert auf der Tatsache, dass es in der Blockchain des Netzwerks, das Teil von Ethereum ist, als ein nützlicher Ausweg angesichts einer Art von Inflation, die lokal konfrontiert ist, implementiert ist, also ist es in jeder Hinsicht relevant.

Ripple (XRP) Terminpreis-Analyse

Die Kryptowährung Ripple XRP gilt als eine der relevantesten Kryptowährungen weltweit, weshalb sie eine vielversprechende Alternative darstellt, vor allem weil sie die Dezentralität nicht als einen ihrer Vorteile postuliert, da sie Verbindungen zu Banken und sogar großen Investmentgesellschaften hat.

Dieses Differential Faktor ist das, was hilft Ripple, um eine Marge von Erfolg haben, darüber hinaus in der Welt der cryptocurrencies ist in der Regel auferlegt, die Präferenz über dezentrale, in diesem Fall ist es genau das Gegenteil, das ist ein attraktives Siegel, obwohl es erschwert, eine Art von Zukunft auf diese Verbände zu erteilen.

Aber bevor wir in zukünftigen Schätzungen über diesen Vermögenswert vorankommen, ist es wichtig, klarzustellen, dass Ripple das Unternehmen darstellt, stattdessen wird XRP als interne Währung des Protokolls präsentiert, diese

Kryptowährung präsentiert eine Preisgeschichte, die der wahre Führer der Offenbarung für jeden Investor ist.

Der aktuelle Preis von XRP wirkt sich direkt auf jeden Anstieg und Fall, sowie den Zustand des Marktes, da ein Preis auf der Grundlage des Grades der Wettbewerbsfähigkeit festgelegt wird. Letztes Jahr zeigte diese Kryptowährung ein bullisches Verhalten und gleichzeitig einen mittelfristigen Abwärtstrend.

Es ist wichtig zu erkennen, dass die Trends von Ripple positiv mit den BTC-Bewegungen verbunden sind, was bedeutet, dass sogar ein Rückgang von Bitcoin den Preis von XRP beeinflussen kann, was dazu führt, dass es als eine Kryptowährung positioniert wird, die denselben Trend wiederholt, der auf dem Primärmarkt auftritt.

Aber ebenso können bestimmte Ereignisse die Richtung des Preises bestimmen, ebenso wie die Stimmung der Investoren, obwohl der Faktor Angebot und Nachfrage immer noch eine wichtige Rolle spielt, und es wurde festgestellt, dass die Vereinbarungen mit führenden Banken das sind, was den Preis von XRP bewegt.

Normalerweise haben diese Ereignisse keine kurzfristigen Auswirkungen auf den Markt, sondern werden erst nach einer etwas längeren Zeitspanne sichtbar, aber in der Vergangenheit unterlag Ripple der Aufsicht der Securities and Exchange Commission, wo es sich als Währung und nicht als Wertpapier selbst verteidigt hat.

- ## **Die Prognosen hinter Ripple**

Das Umfeld der Kryptowährungen ist total volatil, deshalb ist es kompliziert, Zukunftsbereiche auszugeben, alle haben eine inflationäre Schätzung, was die technische Analyse betrifft, die auf Ripple gemacht wurde, ist es eine riskante Maßnahme, da sein Wachstum stark mit dem Projekt verbunden ist.

In den kommenden Jahren ist XRP als eine der Währungen mit den größten Veränderungen positioniert, da ab 2021 eine große Anzahl von Finanzkooperationen vorgestellt wird, die den Preis so stark beeinflussen, dass er 2 $ erreichen oder überschreiten kann.

Jeder Analyst geht von den Ereignissen aus, in die diese Kryptowährung verwickelt ist, daher wird ein starker Einfluss in der Zukunft erwartet, damit sie weltweit eine der digitalen Währungen mit der größten Marktkapitalisierung bleibt, ist es entscheidend, die Vorhersageplattformen genau zu verfolgen.

Alle Trends hinter Dash

Die Bräuche innerhalb des Bergbaus, sind dank der Auswirkungen oder Struktur, die Dash auf sein eigenes Ökosystem hat, geteilt, da sie gestaffelte Schritte sind, bis sie die Ausführung von Dash-Zahlungsdienstleistungen präsentieren, mit einem Instasend-Kanal als eine Möglichkeit, schneller und niedriger im Vergleich zu anderen zu arbeiten.

Durch die Verwendung von Privatesend kann jeder Benutzer Transaktionen anonym ausgeben, was dazu führt, dass er nicht zurückverfolgt werden kann, selbst im Vergleich zu Transaktionen, die über das Blockchain-Netzwerk getätigt werden, was eine sehr attraktive Eigenschaft ist, alles dank der Tatsache, dass Dash über eine große Anzahl von verschlüsselten Börsen eingeschrieben ist.

Über den Betrieb oder die besondere Dynamik hinaus, die diese Kryptowährung besitzt, müssen auch bestimmte Faktoren berücksichtigt werden, die sich ändern können, vor allem aufgrund der Volatilität, die für diesen Markt charakteristisch ist, aber es gibt Details, die berücksichtigt werden können, um eine faire Analyse in der Zukunft zu erstellen.

Zum Beispiel präsentiert Long Forecast die Vision, dass Dash ein bärisches Verhalten haben wird und bis zu 70% fallen wird, während Wallet Investor noch mehr den pessimistischen Trend über die Zukunft dieser Kryptowährung anhebt, das Wesentliche ist, dass es eine Kryptowährung ist, die den Benutzern Sicherheit bietet.

Die Sicherheitsfrage ist aufgrund der Tatsache, dass es 4500 Server, mit Hosting auf der ganzen Welt, wodurch Transaktionen schnell durchgeführt werden, wobei eine Qualität, die es über andere cryptocurrencies hält, und seit seiner Einführung hat es weiter zu entwickeln.

Die mobile Anwendung war eine nützliche Antwort innerhalb dieser Sphäre, was dazu führt, dass es ein skalierbarer Investitionspunkt ist, zusätzlich werden Zahlungsprogramme hinzugefügt, was es zu einer Option macht, auf dieser Transaktionsplattform zu investieren, was garantiert ist, dass Dash ein großes Erfolgspotential bis spätestens 2025 besitzt.

Geschätzter zukünftiger Kurs von Cosmos (ATOM)

Eine bevorzugte Option in der Welt der Kryptowährungen ist Cosmos (Atom). Im Fall von Cosmos ist es als Blockchain-Plattform mit Open-Source-Charakter etabliert, die sich als das Internet der Blockchains installieren will, was dazu führt, dass sich weitere Netzwerke dieser Art anschließen können, um die Vorteile zu nutzen.

Jede der Blockchains, die Teil von Cosmos sind, ermöglichen den Austausch der Token, zwischen denen jeweils ein Stück des Netzwerks ist, geschieht dies unter einer nativen Entwicklung, so ist es eine Kommunikation selbst, die Cosmos bietet, damit jedes Jahr versucht, jede Situation der Skalierbarkeit zu lösen.

Die Einbeziehung von Werkzeugen ist, was bewirkt, dass mehr Benutzer zu zeigen, Interesse über sie, im Fall von tokenized Zahlung, es ist konzipiert als Atom, eingesetzt werden, um die Zahlung Gebühren für Transaktionen auf der Blockchain, hält eine Kapitalisierung Rang unter 20 Platz weltweit.

- **Preisspanne des Atom**

Die Kosten oder Wert von Atom, im Januar 2021 wird durch eine Maßnahme unter $ 6,00 unterstützt, dann präsentiert einen Bruch des Widerstands, erreichen bis zu einem Preis von $ 7,16, aber dies nicht zu stoppen, sondern zählte mit einer Preiskorrektur, erreicht bis zu $ 17,32.

Diese Art der Erholung zeigt an, dass er nach einem Rückgang in der Lage ist, sein historisches Maximum zu erreichen, auf der anderen Seite gibt es die Implementierung der technischen Analyse, dies kann mittels spezieller Software geschehen, die komplexe mathematische Probleme löst und historische Daten studiert, um die Zukunft vorherzusagen.

Die technische Qualifikation, um den Wert dieser Kryptowährung zu verfolgen, kann mit dem Digital Coin Price durchgeführt werden, der anzeigt, dass sie im Jahr 2028 in der Lage ist, einen Wert von 86,58 $ zu erreichen, daher ist sie als ideale Kryptowährung auf lange Sicht etabliert.

Auf der anderen Seite, die Schätzungen der Kryptowährung Preisvorhersage, kommt eine größere Dimension zu dem vorherigen zu berechnen, wo das Jahr 2025 auf 976,23 Dollar liegt, ist dies eine Hilfe, um Rückschlüsse auf die Zukunft dieser Kryptowährung zu ziehen, können Sie über jede Website erkundigen, und dann einen Durchschnitt dieser Maßnahmen machen.

Chiliz Preisentwicklung und Prognosen

Zu wissen, den Preis oder den Wert der Chiliz, entspricht der Popularität, die es auf dem Markt präsentiert, vor allem nach dem Abschluss der 2020, die attraktive Seite dieser cryptocurrency ist auf den Aufwärtstrend installiert, die präsentiert wird, im Fall von Altcoin Exchange, hat sehr positive Prognosen über diesen Vermögenswert präsentiert.

Chiliz wird als eine digitale Währung postuliert, die mit der Welt der Sportplattformen verbunden ist, es ist viel besser bekannt durch sein Akronym CHZ, dies ist Teil der Philosophie hinter diesem Token, das Teil der Ethereum Blockchain Aktien ist, so dass es als eine Kryptowährung der Socios.com Plattform ausgewählt wurde.

Die Gründung dieser Kryptowährung, die mit dem Land Malta verbunden ist, hat eine enge Beziehung mit der Welt des Sports, vor allem, um nahe an den Vereinen und Fans zu sein, da sie durch diese Währung das Recht haben können, über ihre Lieblingsvereine abzustimmen.

Der Realismus, der hinter dieser Art von Wirtschaft steht, führt dazu, dass die Zukunft dieser Währung einem positiven Pfad folgt, weshalb große Investoren auf diese Gelegenheit gesetzt haben, so dass ein Anstieg erwartet wird, wenn gute Nachrichten oder Vorhersagen für Altcoins eintreffen, und im Allgemeinen ist die Währung derzeit hoch.

Aber bevor ein neuer Höchststand erreicht wird, geht diese Projektion in der Regel nach unten, aber es ist besser oder eine Regel dieses Mediums, zu kaufen, wenn sie im roten Bereich ist, anstatt im grünen, so dass das Abwärtsmomentum ausgenutzt und auf breiter Basis notiert werden kann.

Polkadot und seine nahe Zukunft in der Preisklasse

Der Ausbau der cryptocurrencies in der Welt, erreicht die Ankunft von Polkadot, die eine Währung zu betrachten, weil es innerhalb der Top 10 der am meisten gehandelten platziert wurde, über, dass viele nicht berücksichtigen, und dies generiert, dass es unter Unwissenheit erschien, begann nur ein Aufsehen zu verursachen.

Der Aufwärtstrend, der diese Währung ausmacht, führt dazu, dass ihre Überwachung eine anstehende Aufgabe im Umfeld der Kryptowährungen ist, in nur anderthalb Monaten stieg ihr Wert bis zum Sechsfachen, ebenso haben die letzten Monate dieses und des letzten Jahres eine günstige Reaktion auf dieses Wachstum postuliert.

Inmitten der öffentlichen Blockchain wurde diese Kryptowährung als Konnektivitätsoption eingeführt, für das, was kundenspezifische Seitenketten betrifft, die laut Studien, die auf der Grundlage dieser Dynamik praktiziert werden, voraussichtlich einen Wert von 96,54 $ im Jahr 2022 erreichen werden.

- **Zu beachtende Preisdetails von Polkadot**

Die Organisation und Gründung von ICO wurde auf Polkadot angewandt, was dazu führte, dass es bis zu 140 Millionen Dollar erreichte, und dann die Hälfte dieses Angebots, berechnet oder geschätzt auf 10.000.000 DOT, zu verkaufen, wozu noch eine große Menge an Verlusten des Unternehmens kam.

In Anbetracht dieses kommerziellen Szenarios wurde eine private Verkaufsrunde durchgeführt, beginnend im Jahr 2019, bis zu einer Wiederholung im Jahr 2020, zum Zeitpunkt der Durchführung des ICO, konnte die Kryptowährung mindestens 30 $ handeln, aber im August 2020 wurden alle diese Eigenschaften gemeistert.

Es besteht kein Zweifel, dass diese Kryptowährung eine große Eskalation erlebte, da sie zu Beginn mit einem Wert von 5,2 Dollar zählte, bis sie im Laufe der Zeit schwankte, bis sie einen Aufwärtstrend erreichte, der sie auf 7,68 Dollar katapultierte, aber mit Rückfällen, die diese Art von Bewegung durchsetzten.

Mitte 2021 liegt der Preis von DOT bei etwa 15 Dollar, als sehr markanter Punkt, und im Februar dieses Jahres setzte er eine historische Marke, indem er 42 Dollar erreichte. Um diese Art von zukünftiger Auswirkung zu verstehen, muss man die Dynamik seiner Schöpfer verfolgen, die es als Web 3.0-Plattform gestalten.

Was auffällt, ist, dass auf seiner internen Struktur, es hat eine Blockchain in voller Minuten, auf der anderen Seite, dieses Ökosystem hat eine Macht der Intervention von Stimmen, so dass die Besitzer der DOT-Währung eingreifen können, was dazu führt, dass jede Entscheidung der Aktionäre, hat einen Einfluss auf den Preis.

Jeder Vorschuss auf diese Art von Projekt erzeugt eine Veränderung des Preises, und das ist es, was es zu einer wirklich attraktiven Investition macht, da es als eine zugängliche Währung etabliert ist, und der Anstieg der Liquidität ist ein weiterer berüchtigter Punkt, denn in diesem Jahr in seinen letzten Monaten, wird geschätzt, dass die Währung einen Wert von bis zu 79,58 Dollar erreichen wird.

Experten zufolge drücken sie aus, dass der Preis von DOT als ein konstantes Wachstum auferlegt wird, außerdem ist die Häufigkeit des Rückgangs minimal, aber dies sind Verhaltensweisen, die nicht vollständig vorhergesagt werden können, da die Oszillation einen autonomen Rhythmus hat, der komplex zu kontrollieren ist.

Im Jahr 2020 zeichnet sich eine interessante Phase für das Einkommen durch diese Kryptowährung ab, da sie bei einem Preis von 83,15 $ einen viel höheren Betrag bürsten kann, und bis 2023 ist die Vision über 96 $ verankert, also sind dies wirklich auffällige Werte.

Dies verdeutlicht, dass es mehrere Gründe gibt, in Polkadot zu investieren, vor allem, um sich allem zu nähern, was mit seiner Kryptowährungszukunft zu tun hat, zusätzlich besitzt es Blockchains spezifische Problemlösung, da seine Ketten nicht verstopfen, viel weniger eine langsame Entwicklung präsentieren.

VeChain's Terminpreise als Vorhersagebeispiel

Die Projekte, die der Blockchain und ihrer Verwendung gewidmet sind, korrespondieren mit dem Ursprung von VeChain, diese Plattform hat ein Management, das Teil der Lieferkette auf seinem Kern ist, inmitten dieser finanziellen Dynamik hat die pharmazeutische Bayer beteiligt, darüber hinaus wurde es zu Walmart integriert.

Die Volatilität, die diese Kryptowährung präsentiert, kann in der Zukunft interpretiert werden, auch wenn es nicht eine Art von Garantie besitzt, ist es ein Start, um das Risiko der Investition zu nehmen, um Klarheit über diesen Sinn zu haben, ist es notwendig, die technische Analyse zu implementieren, zusätzlich zu den Preisbewegungen, Metriken zu verhängen, die helfen, diese Details zu folgen.

In der Mitte der führenden Websites in der Vorhersage, TradingBeasts, und Wallet Investor, haben eine maximale Messung 0,000816 Dollar, wobei ein Faktor zu berücksichtigen, wenn die Entscheidung für diese cryptocurrency, und es wird sogar geglaubt, dass Sie bekommen, um es zu kaufen für 4,10 Dollar, die Erhöhung der Interesse an diesen Maßnahmen.

Tipps zur Berechnung des zukünftigen Wertes einer Kryptowährung

Viele zweifeln am plötzlichen Wachstum einer Kryptowährung, denn im Fall von Bitcoin, als viele skeptisch gegenüber dieser Investitionsidee waren, die einen Wert von 5.700 USD hatte, erreichte sie über 45.000 USD, das heißt, es gibt eine Veränderung der Größenordnung, die, wenn wir sie vorhersagen könnten, viele langfristig Geld generieren würde.

Um zu der Entscheidung zu gelangen, ob eine Investition in eine Kryptowährung sinnvoll ist oder nicht, ist es wichtig, das Potenzial derselben zu untersuchen. Um zu verstehen, wie dies untersucht werden kann, ist es daher wichtig zu berücksichtigen, dass es verschiedene Variablen gibt, die sich um den Wert einer Kryptowährung drehen, insbesondere wenn es sich um eine zukunftsorientierte Maßnahme handelt.

Die Unterstützung verschiedener Tools ist eine ideale Lösung, denn durch die Auswertung der Informationen von https://www.coinmarketcap.com/ können Sie beginnen, das wahre Potenzial einer Kryptowährung zu bestimmen, wobei die folgenden Aspekte oder Variablen untersucht werden sollten:

- **Marktkapitalisierung (Market cap)**

Es entspricht als eines der grundlegendsten Elemente und gleichzeitig von größerer Relevanz, um die Zukunft einer Kryptowährung vorherzusagen, da es der Betrag ist, der auf den Vermögenswert investiert wird, es ist eine Summe von allem, was auf der ganzen Welt auf diese Kryptowährung zugeschrieben wird.

Es ist wichtig, dass dieses Konzept als Maßstab für die Reife des Marktes herangezogen wird, damit man ihn mit einem anderen vergleichen kann, damit man abschätzen kann, wie oft oder um wie viel die Kapitalisierung bei einem Vermögenswert höher oder niedriger ist als bei einem anderen, denn das ist bei jedem Markt anders.

- **Preis**

Sie bezieht sich auf den Wert, den jede Kryptowährung hat, dieser steht gleichzeitig unter dem Einfluss der Marktkapitalisierung, zusätzlich zu der Menge oder dem Volumen, das auf diesem Handelsmedium zirkuliert, da sie den Gesamtbetrag liefert, der bis zum aktuellen Datum, das beobachtet wird, abgebaut wurde.

Das bedeutet, dass der Preis durch das Angebot der Kryptowährung innerhalb eines bestimmten Zeitraums festgelegt wird, weshalb er am Ende eine Mischung zwischen der Kapitalisierung und dem zirkulierenden Wert ist, zwei Elemente von großer Relevanz für die Untersuchung einer Kryptowährung, da der Preis das Ergebnis der Aufteilung dieser beiden Elemente ist.

- **Umlaufende Versorgung**

Es ist als ein Angebot der Kryptowährung konzipiert, weil die Erlangung von Kryptowährungen aus dem Mining kommt, da diese Aktion zunimmt, wächst auch die zirkulierende Währung, unter dieser Grundlage ist, dass die Fluktuation auftritt.

Um dieses Element zu messen, ist es erforderlich, die Kapitalisierung der Kryptowährung zusammen mit der zirkulierenden Währung zu lokalisieren, um die Berechnung durchzuführen und das Endergebnis als den Preis des Vermögenswertes auf dem Markt zu erhalten.

- **Volumen (24h)**

Es wird als ein Betrag oder Wert klassifiziert, der der Fiat-Währung entspricht, es umfasst jede der Transaktionen, die während 24 Stunden auf der Kryptowährung gemacht wurden, dieses Element ist Teil eines Indikators von großer Relevanz, vor allem um einen Handel durchzuführen oder kurzfristig zu investieren.

Das Ergebnis dieser Maßnahme zeigt an, ob es ein gewisses Maß an Liquidität gibt, zusätzlich zur Messung, wie machbar es ist, Transaktionen mit dieser Kryptowährung durchzuführen. Wenn dies nicht der Fall ist, kann es kompliziert sein, das Asset später zu verkaufen, da es einem sehr niedrigen Transaktionsniveau unterliegt.

Diese Aspekte können für eine langfristige Investition in Betracht gezogen oder angepasst werden, wenn man die Emissionspolitik der Kryptowährung kennt, d.h. im Fall von Bitcoin hat es ein Mining-Limit von bis zu 21 Millionen, sobald diese Zahl erreicht ist, gibt es keine Möglichkeit, eine Art von Prozentsatz dieser Kryptowährung zu erhalten.

Ein solches Szenario verlangt, dass Bitcoin-Inhaber den Wert der Kapitalisierung verteilen müssen, und wie bei dieser Kryptowährung gibt es auch bei anderen digitalen Währungen Grenzen, die von bestimmten programmierten Algorithmen abhängen und sehr spezifische Details haben.

Quellen für die Vorhersage der Zukunft von Kryptowährungen

Die Marktbedingungen stellen eine wichtige Einschätzung dar, wenn es darum geht, die Zukunft von Kryptowährungen vorherzusagen. Alles, was mit diesem Vermögenswert geschieht, ist wichtig, um mit einer klareren Vision über die Zukunft desselben zu operieren, um einen erfolgreichen Weg zu haben, ist es wichtig, die Vorhersagen über Kryptowährungen zu berücksichtigen.

Um eine Entscheidung zu treffen, ist es unerlässlich, Quellen zu erfragen, die aktiv untersucht werden, da Prognosen gesucht werden, es gibt eine Vision dessen, was auf dem Markt vor uns liegt, um ein machbares Schema zu erstellen, obwohl keine Empfehlung als selbstverständlich angesehen werden kann, da sie betrügerisch sein könnte.

Stattdessen fungieren die folgenden bewährten Quellen als umfassende Hilfe beim Erkennen machbarer Wege:

1. **Trading-Ansicht**

Es ist eine Quelle großen Vertrauens, da Sie bei der Konsultation dieser Plattform wichtige Werkzeuge wie z.B. Graphen finden, diese können nach persönlichem Belieben verwendet werden, um futuristische Investitionsberechnungen durchzuführen, die Funktionen sind sowohl für Anfänger als auch für fortgeschrittene Benutzer zugänglich.

Durch diese Plattform kann das Verhalten von Kryptowährungen gemessen werden, was der Schlüssel zur Vorhersage ist, wie es sich in einer bestimmten Zeit verhalten wird. Daher wird diese Alternative gewählt, um einen genauen Vorschuss zu haben und wird von erfahrenen Investoren verwendet, die eine Gemeinschaft bilden, die Wissen bereitstellt.

2. **Finder.com**

Es ist bekannt als eine Quelle von Informationen über die Zukunft der Kryptowährungen, seine Fortschritte basieren auf der Konsultation auf Finanzexperten, um verschiedene Vorhersagen über einen Vermögenswert zu erteilen, gibt es keinen Zweifel, dass die Arbeit dieser Plattform konzentriert sich auf Finanzen und Technologie, durch die Diskussionen der Fachleute.

3. BitcoinWolf.de

Es ist eine ideale Plattform, um Vorhersagen über jede Kryptowährung zu erhalten, es hat einen Chat-Raum, der es erlaubt, wichtige Verbindungen für die Zukunft herzustellen, es ist eine Funktion, um von den Informationen zu profitieren, die in diesen Medien durchlaufen, das Gespräch mit anderen Investoren ist eine einzigartige Erfahrung.

Auf der anderen Seite ermöglicht dieses Medium Echtzeit-Warnungen, um jede Änderung unter der technischen Analyse zu erhalten, oder jede Beratung, es ist wirklich der richtige Ort, um über die Zukunft jeder Kryptowährung zu denken, vor allem mit den Beiträgen von Experten, die eine andere Vision auferlegen.

Die Aufmerksamkeit wird direkt auf die Haltung von erfahrenen Investoren investiert, zusätzlich zur genauen Verfolgung der Geschehnisse in der Branche, daher schaffen diese Quellen eine echte Empfehlung, damit die Investition voll profitabel ist, müssen diese Vorhersagen kurz- und langfristig befolgt werden.

Implementierung der technischen Analyse, um die Zukunft der Kryptowährungen zu messen.

Die technische Analyse ist ein grundlegender Schritt, da sie es ermöglicht, Marktdaten bequem zu nutzen, um die Zukunft einiger Kryptowährungen zu bestimmen, dafür werden verschiedene Faktoren einbezogen, wobei Volumen und Bewegung einbezogen werden, auf der anderen Seite gibt es auch die fundamentale Analyse, um Themen oder Fragen des Wertes zu bestimmen.

Die Konzentration der technischen Analyse, ist als die Studie von Mustern, und zusätzlich zu den Charting-Tools, analytische, wie das erlaubt, einige Schwäche und Stärke, die Teil der cryptocurrencies, alle unter den Mustern, die die Zukunft der gleichen offenbaren können visualisieren.

Dieser erwähnte Prozess kann auf jeder Art von Kryptowährung durchgeführt werden, da es sich um eine traditionelle Aktion auf Aktien handelt, aber derzeit hängt die Festlegung eines Preises von allem ab, jede Variable beeinflusst am Ende, aber das alles kann mit Hilfe der aktuellen Nachfrage heruntergebrochen werden.

Aber in der Mitte dieser Studie, es umfasst auch sogar zukünftige Nachfrage, die mit einem Blick in die Vergangenheit entspricht, all dies sind wichtige Erwartungen für Händler, dies hilft, mehr Wissen über die Kryptowährung zu haben, daher hat diese Analyse einen direkten Einfluss auf den Preis und was es in späteren Zeiten vorschlägt.

Diese Tatsache oder dieses Ergebnis soll als Psychologie innerhalb des Marktes etabliert werden, und gleichzeitig wird dieser Messwert verwendet, um die Kryptowährung zu studieren, daher wird jede der Bewegungen, die mit dem Preis verbunden sind, mit einbezogen, da diese überhaupt nicht zufällig sind, da sie selbst eine Reaktion auf einen Trend sind, entweder kurz- oder langfristig.

In der Mitte dieser Lektüre sollte es als ein Schlüsselprinzip festgelegt werden, dass, wenn eine Kryptowährung einem Trend folgt, es auch bedeutet, dass sie nach einer Weile einem entgegengesetzten Trend folgen wird, daher kann man, indem man dem aktuellen Trend folgt, höhere Level-Gewinne erzielen.

Die Hauptfunktion der technischen Analyse besteht darin, eine breite Aufmerksamkeit für das Geschehen zu zeigen, wobei der Grund, warum die Bewegung erzeugt wurde, beiseite gelassen wird, da die Konzentration weitgehend auf Angebot und Nachfrage gerichtet ist, um das Chaos einer großen Anzahl von Variablen zu reduzieren.

- **Lesen von Candlestick-Charts**

Dies ist ein Schlüsselaspekt, der innerhalb dieser Analyse zu messen ist, es wird mittels Graphen durchgeführt, dies wird mittels Chiffren verwendet, im Volksmund als Candlestick-Chart bekannt, am Anfang ist es komplex zu verstehen, aber wenn Sie jedes Detail lernen, ändert sich alles und verbessert sich.

Die Entwicklung des Candlestick-Charts wird auferlegt oder erhält diesen Namen, dank der Tatsache, dass jeder Punkt eine große Ähnlichkeit mit einer Kerze hat, da sie rote oder grüne Rechtecke sind, auch eine Linie haben, die oben oder unten herausragt, so dass es eine Visualisierung als Docht einer Kerze bekommt.

Basierend auf der Größe der Kerze, sowie der Form der Linie und der Farbe, die sie besitzt, gibt es entscheidende Informationen über eine Börse, die nicht übersehen werden können, inmitten dieser Auswertung sollten Sie erkennen, dass am oberen und auch am unteren Rand die Eröffnungs- und Schlusskurse stehen, die die Kryptowährung besitzt.

Im Fall von grünen Kerzen sind sie dafür verantwortlich, dass der Wert der Kryptowährung gestiegen ist, was dazu führt, dass der Eröffnungskurs im unteren Bereich liegt, während der Schlusskurs in der oberen Zone liegt.

Wenn rote Kerzen vorhanden sind, bedeutet das, dass der Wert der Kryptowährung gesunken ist, wodurch sich die zuvor erklärte Reihenfolge ändert, d.h. der Eröffnungskurs wird in der oberen Zone, während der Schlusskurs im unteren Teil liegt.

Auf der anderen Seite kann der Docht aus der Kerze herausragen, durch eine Lücke oder ein Extrem, das Teil der Kerze ist, dies zeigt, dass die Preise den niedrigsten oder höchsten Punkt im gesamten historischen Pfad der Kryptowährung erreicht haben, was eine nützliche Klarstellung ist, um den Grad der Volatilität des Marktes zu berücksichtigen.

- **Trendlinien**

Sie sind Teil eines der Schlüsselelemente der technischen Analyse, daher ist es wichtig, die Trendlinien zu kennen, da sie die Richtung, in die sich die Kryptowährung bewegt, verraten oder liefern, dies wird von Unterscheidungsvermögen begleitet, um die Pfade zu bestimmen, die dieser Vermögenswert besitzt.

Die Natur der Volatilität, ist es richtig, den Trend zu finden, die entweder nach oben oder nach unten projiziert wird, dies unter einer Entwicklung auf die Höhen und Tiefen, und auch diese Trends können seitwärts bewegen, die weiter verkompliziert das ganze Bild, verschiedene Softwares enthalten Trendlinien auf dem Markt Tracker.

Die Einbeziehung dieses Elements in die Analyse kann automatisch oder manuell erfolgen, aber die letztere Option erfordert eine höhere Genauigkeit, damit die Vorhersagen produktiv genutzt werden können, und die Methode zum Zeichnen dieser Linie ändert sich je nach der verwendeten Analyse.

Normalerweise wird die Trendlinie am exakten Punkt des niedrigsten Preises der Kerze platziert, dann kann sie verlängert werden, bis die Linie in Kontakt mit dem niedrigsten Punkt kommt, es ist wichtig, darauf zu achten, dass die exakten Minima für beide Punkte nicht erreicht werden, also sind es sehr vorsichtige Anpassungen.

- **Unterstützungs- und Widerstandsniveaus**

Inmitten des Verständnisses der technischen Analyse können Unterstützung und Widerstand nicht übersehen werden, diese horizontalen Linien können auf dem Handelschart gezeichnet werden, um eine Reihe von wichtigen Daten über die Kryptowährung zu finden.

Im Fall des Unterstützungsniveaus handelt es sich um einen Punkt, an dem festgelegt wird, bis zu welchem Punkt man die Kryptowährung kaufen möchte. Dieser Aspekt steht in direktem Zusammenhang mit der Nachfrage, so dass, wenn sich der Preis dem Punkt des Unterstützungsniveaus nähert, eine Nachfrage erzeugt wird, die dazu beiträgt, den Zusammenbruch der Kryptowährung zu unterstützen.

Innerhalb des Verhaltens dieses Vermögenswerts kann sich dieses Szenario ändern oder ein Aufwärtsmomentum darstellen, aber das Widerstandsniveau hat mit dem Gegenteil zu tun, da es ein hohes Maß an Angebot ist, ohne ein hohes Maß an Nachfrage zu erhalten, was ein Verhalten ist, das anzeigt, dass der Markt den Vermögenswert als teuer ansieht.

Dieser Kaufwiderstand ist es, der den Wert des Vermögenswertes dazu bringt, das Widerstandsniveau zu erreichen, wenn er an diesem Punkt ist, gibt es ein Überangebot, so dass der Preis wieder sinkt, so dass diese Schwankungen sehr auffällig sind, sie werden mit Hilfe der Widerstandslinie gemessen und erhalten ein klares Bild der Bewegungen.

Wenn es auf der technischen Analyse, die Studie der Bruch der Unterstützung oder Widerstand Ebenen, wie es ist ein Weg, um die Stärke des aktuellen Trends zu visualisieren, da es gewinnt Macht, wenn der Widerstand Ebene wird die Unterstützung Ebene.

- **Handelsvolumen**

Die Überwachung des Handelsvolumens kann als Hilfe bei der Festlegung eines signifikanten Trends interpretiert werden. In diesem Szenario kann ein hohes Handelsvolumen ein Zeichen dafür sein, dass das Verhalten oder der Trend beachtet werden sollte oder andererseits, dass ein schwacher Trend vorliegt, der umgekehrt werden kann.

Das Wissen innerhalb dieser Bewertung, muss überprüfen, dass das Handelsvolumen im Preis nach unten geht, ist es wichtig, ein niedriges Volumen auf die Fälle und hohe Volumina durch die Erhöhungen zu finden, weil dies bedeutet, dass die Kryptowährung mit einem gesunden Trend zählt, das heißt, dass es mit einem langfristigen Wachstum zählt.

Auf der anderen Seite, wenn das Volumen in der Mitte des Falles steigt, bedeutet es, dass der Aufwärtstrend nicht lange andauern wird, dies ist ein Teil der Information, die das Volumen liefert, obwohl es ohne diese Analyse genau das Gegenteil raten oder aufdecken kann, dass das Nächste ist, einen Abwärtstrend wahrzunehmen, wenn es nicht das Richtige ist zu tun.

- **Marktgrenzen**

Um dies zu verstehen, ist es wichtig, die Marktkapitalisierung der Kryptowährung zu berücksichtigen, da dieser Aspekt ein Bild von der Stabilität eines Vermögenswertes liefert, der einer technischen Analyse unterzogen wird. Um zur Bestimmung dieses Grades der Marktkapitalisierung zu gelangen, muss man das zirkulierende Angebot mit dem Preis der Münze multiplizieren.

Normalerweise sind die Kryptowährungen, die ein höheres Ergebnis der Marktkapitalisierung vermitteln, diejenigen, die die Eigenschaft besitzen, stabil zu sein, was ein Detail ist, das inmitten dieser finanziellen Dynamik zu berücksichtigen ist.

- **Index der relativen Festigkeit**

Verschiedene Charting-Programme, die Kryptowährungen gewidmet sind, haben innerhalb ihrer Aufnahme in die relative Stärke Indizes oder auch als RSI bekannt, kann dies 100 oder vielmehr (100) / 1 (RS), in diesem Fall, RS ist gleich oder ähnlich dem Verhältnis, das als eine Begrenzung der Anzahl der Tage, in denen eine Kryptowährung war über oder unter dem Durchschnitt funktioniert.

Da Sie ein Diagramm auswählen können, ist es für die automatische Darstellung dieser Beobachtung verantwortlich, die am unteren Rand des Candlestick-Charts ausgegeben wird. Normalerweise kann der RSI in der Mitte zwischen 0 und 100 liegen, falls ein RSI einen Punkt nahe bei 30 oder weniger anzeigt, bedeutet dies, dass es sich um einen unterbewerteten Vermögenswert handelt.

Andererseits, wenn der RSI nahe bei oder über 70 liegt, deutet dies darauf hin, dass sich der Vermögenswert in einer überkauften Phase befindet, d.h. der Preis befindet sich in einem bevorstehenden Abwärtstrend.

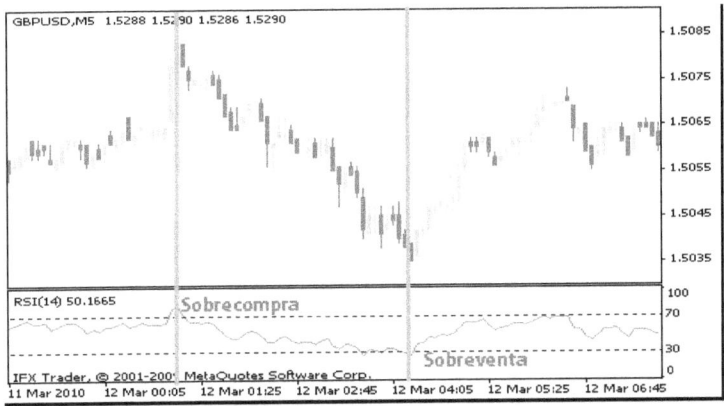

- **Gleitende Durchschnitte**

Die Trenderkennung ist eine Realität für gleitende Durchschnitte, dieser Durchschnitt ist abhängig vom durchschnittlichen Preis der Kryptowährung über den gewählten Zeitraum, normalerweise werden diese Berechnungen auf dem Handelspreis der Währung über die letzten 20 Tage geschätzt.

Die Verbindung der einzelnen gleitenden Durchschnitte hilft, eine Linie zu bilden, durch die Vorhersagen auferlegt werden können. Andererseits gibt es die gleitenden Durchschnitte, die als exponentielle (EMA) konzipiert sind, wobei es sich um einen Berechnungstyp handelt, der es erlaubt, mehr Gewicht auf die Werte des Vermögenspreises zu erhalten.

- **Zeitrahmen**

Inmitten der Entwicklung der technischen Analyse, die durchgeführt wird, um eine langfristige Investition zu wählen, können dem Preisdiagramm Zeitrahmen auferlegt werden, normalerweise finden sich bestimmte Optionen, bei denen verschiedene Charts 15 Minuten, stündlich, täglich und jedes andere Maß umfassen, das mit dem Handel im Sinn einhergeht.

Technische Analyse ist eine klare über die Vergangenheit von cryptocurrencies, wobei eine große Einrichtung, um Vorhersagen über diese Vermögenswerte zu erhalten, in der Regel Charting-Software enthält jedes dieser Elemente erklärt, plus andere zusätzliche Werkzeuge, die die Investition Wahl vereinfacht werden können.

Die zuverlässigsten Prognosemärkte

Vorhersagen arbeiten als ein externer Leitfaden, der die Finanzwelt bewegt, im Falle der Einrichtung von Prognosemärkten, sind Verhandlungen, die verfügbar sind, basierend auf den Wahrscheinlichkeiten eines bestimmten Ergebnisses, nach der Grundlage oder Studien von verschiedenen Ereignissen.

Diese Art von Medien arbeitet unter einer Sammlung von Informationen, zusätzlich zur Berücksichtigung aller beteiligten Parteien oder Agenten, obwohl, um Zugang zu dieser Art von Beschlüssen zu haben, bestimmte Quoten auferlegt werden, da diese Prämissen Teil einer erschöpfenden Studie sind, die auf der Aktivität der Marktteilnehmer basiert.

Im speziellen Fall von Kryptowährungen gibt es eine Studie, die mit der Blockchain-Technologie verbunden ist, so dass jedes dezentrale Protokoll unter dem Austausch eines Ergebnisses eines bestimmten Ereignisses analysiert werden kann, all dies geschieht durch einen Algorithmus, so dass Verträge im Falle der Erfüllung verschiedener Bedingungen ausgeführt werden.

Die wichtigsten Märkte, die in der Welt der Kryptowährungen auf der Suche nach prädiktiver Effizienz sind, sind wie folgt:

1. **Augur**

Augur entspricht einer dezentralen Entwicklung, seine Gründung gehorcht der ERC-20-Dynamik, die zu Ethereum gehört, seine Entwicklung ist im Jahr 2014 eingerahmt, aus diesem Grund entspricht es einer Pionierfunktion in diesem Bereich, was dazu führt, dass mehr Benutzer einen Markt auf der Grundlage eines realen Ereignisses schaffen können.

2. **Gnosis**

Er gehört zu den wichtigsten Prognosemärkten. Er funktioniert auf die gleiche Art und Weise wie der vorherige, basierend auf dem gleichen Protokoll, aber er nutzt Crowdsourcing, um zu versuchen, den Ausgang eines Ereignisses im realen Leben richtig einzuschätzen, indem er einen offenen Markt etabliert und ein System mit zwei Token bereitstellt.

3. **Stox**

Er ist als einer der Prognosemärkte konstituiert, die zur Blockchain gehören und die Dezentralisierung anstreben. Die Mission ist die gleiche wie die vorherigen, mit dem Betrieb auf dem Ethereum-Protokoll, auf die gleiche Weise erlaubt es, einen Markt zu schaffen und Operationen mit den Vermögenswerten zu haben.

Die Rolle von Google Trends

Inmitten der Erforschung der Zukunft einiger Kryptowährungen fügt Google Trends als eine wichtige Quelle der Antwort hinzu, da es ein breites Menü mit Nachrichten und gleichzeitig eine relevante Menge an Zitaten präsentiert, alles, was es sendet, ist ein direkter Zugang zum Markt.

Das Ergebnis der Google-Vision basiert auf den Suchanfragen, die durch dieses Tool entwickelt werden, um so eine Orientierung über den nächsten Höhepunkt der Kryptowährung zu erhalten, alles dank der Studie der verschiedenen Institutionen und aller Medien, die sich mit Kryptowährungen beschäftigen.

Der Preis kreuzt, haben mit vielen aktuellen Entscheidungen zu tun, aus diesem Grund durch dieses Google-Tool, das jede Bewegung ausgibt, weil es eine genaue Überwachung auf die Kryptowährung Industrie auferlegt, und ein großer Prozentsatz der Öffentlichkeit ist nicht bewusst, dieses Mittel der Möglichkeiten.

Jede Daten, die in Google Trends ausgegeben wird, ist eine Darstellung selbst der Suchen, die in Google durchgeführt werden, Filterung der bekannten Begriffe wie "Bitcoin", "Ethereum", und andere ähnliche, vor der Macht der eta Forschungs-Tool, steht ein Desinteresse auf Seiten der digitalen Gemeinschaft aus.

Die Unterscheidung ist über Datenquellen, die auf einer anekdotischen Kette basieren, stattdessen arbeitet Google auf dem Suchvolumen, das viel realistischer als optimistisch wird, was für diejenigen nützlich ist, die die Kryptowährungsindustrie genau beobachten, um irgendwelche Überraschungen in der Nähe dieser Tatsache zu finden.

Auf der anderen Seite gibt es die Ausgabe von Berichten über die Marktvolatilität und die Konsolidierung einiger Vermögenswerte, die alle auf der Menge der Transaktionen basieren, die zirkulieren und ihre Auswirkungen auf den

Preis, als eine zukünftige Maßnahme zu berücksichtigen, funktionieren diese Berichte als eine Maßnahme der Spekulation mit Beweisen.

Jeder Anstieg der Käufe deutet auf einen Weg hin, der für diesen Vermögenswert eingeschlagen werden soll, wobei es gelingt, eine Erzählung mit Beweisen aus den online verfügbaren Aufzeichnungen zu bilden, ohne dabei außer Acht zu lassen, dass sich bei Massenkäufen das gesamte Szenario ändert, und dass diese Art von Faktor als Maßstab für die Zukunft gilt.

Anwendung der Fundamentalanalyse bei der Bestimmung der Zukunft von Kryptowährungen

Die Verwendung der Fundamentalanalyse auf Kryptowährungen, spielt eine ergänzende Rolle, basierend auf dem, was durch die technische Analyse getan wird, besteht auch aus der Einschätzung, ob der Preis eines Vermögenswertes ist fair, überbewertet oder hat das Potenzial zu erhöhen, im Fall von Kryptowährungen, es ist kompliziert, indem sie dezentrale Netzwerke.

Die Bewertung dieser Anlageklasse muss gründlich sein, daher gewinnt die Rolle der Fundamentalanalyse an Bedeutung, und gleichzeitig wird sie aus einer anderen Perspektive implementiert, um die Vision zu erweitern, da die technische Analyse nur den historischen Preis berücksichtigt, den die Anlage erreicht hat, ohne andere Arten von Metriken zu bewerten.

In dem Maße, in dem man sich an einer Kryptowährung beteiligt oder sie kauft, steigen die Gewinnmöglichkeiten. Im Falle eines neuen Kryptowährungsprojekts gibt es keine Preise zu analysieren oder zu berücksichtigen, bei dieser Art von Vermögenswerten ist es am ratsamsten, die Fundamentalanalyse anzuwenden.

Diese Art von Studie hilft gleichzeitig, eine Art von Betrug zu fangen, jede Art von Verlust zu stoppen, und um diese Art von Bewertung durchzuführen, gibt es nicht so viel Komplikation, da online kostenlose Informationen über Kryptowährung im Überfluss vorhanden sind, und in sozialen Netzwerken zirkulieren verschiedene Diskussionen über einige Vermögenswerte.

Jeder der Entwickler, Miner und jede Art von Unternehmern in diesem Bereich sind verantwortlich für die Interaktion über die Details im Zusammenhang mit dem Vermögenswert, so dass Sie sogar die kleinste Begebenheit auf Kryptowährungsprojekten verfolgen können, es ist die positive Sache über die Plattformen heutzutage.

Der Vorschlag, diese Art von Studie durchzuführen, besteht darin, bestimmte grundlegende Konzepte zu verstehen, wobei das Wesentliche darin besteht, jedes Asset-Verhalten mit einem kritischen Niveau zu messen, das auffällig ist.

Am Anfang mag eine Investition oder ein Ergebnis revolutionär erscheinen, aber ein Wert kann in wenigen Sekunden oder Tagen sinken, so dass das Heiraten oder die Verpflichtung zur Vorhersage einer Kryptowährung eine persönliche Angelegenheit ist, Sie müssen dieser Vision und Sicherheit auf der Grundlage Ihrer eigenen Studien folgen, um die Informationen zu haben, die Ihnen erlauben, zu investieren.

Durch Coinmarketcap, können Sie Zugang zu einem großen Strom von Daten über cryptocurrencies haben, so ist es ein Medium, das als einer der Favoriten für diese Funktion eingestuft werden kann, die Verwaltung auf die folgenden Details zu sehen:

1. Ranking eingetaucht in Kryptowährung Preisgestaltung

Ein Thema wie die Marktkapitalisierung, bezieht sich auf die Anzahl der Münzen, die im Umlauf sind, diese muss mit dem Wert der Münze multipliziert werden, ein Beispiel dafür ist, dass der Bitcoin eine Marktkapitalisierung von 132 Milliarden Dollar hat, die sich aus der Multiplikation der 18 Millionen Münzen mit dem aktuellen Preis ergibt.

Im Gegensatz dazu ergibt sich bei Ethereum eine Marktkapitalisierung von 16 Mrd. $, die sich aus der Multiplikation der 109 Mio. Coins mit dem Preis jeder ETH ergibt. Durch die Verwendung von Coinmarketcap wird dieser Faktor abgedeckt, da Kryptowährungen eine Reihenfolge von der höchsten zur niedrigsten basierend auf der Kapitalisierung besitzen.

Diese Methode, hilft, den Wert zu messen, der auf einem Netzwerk existiert, wo Bitcoin immer als einer der ersten gehalten wurde, wenn eine kleinere Kapitalisierung auf dem Markt entsteht, desto größer ist das Risiko, aber zur gleichen Zeit sind die Wachstumschancen größer, wobei es sinnvoll ist, die Investition diesem Aspekt zu widmen.

2. Anzahl der umlaufenden Münzen

Kryptowährungen haben eine Gesamtzahl an Coins, das Gleiche gilt für Token, die im Umlauf sind. Wenn also ein Kauf eines Coins mit der Erwartung erfolgt, dass der Preis steigt, ist es ein Anhaltspunkt, zu wissen, wer 50% des Umlaufs hält, denn wenn es ein Teil der Gründer ist, ist es keine sehr attraktive Maßnahme.

Im Fall von Bitcoin wurde eine gerechte Verteilung erzeugt, da zu Beginn niemand diese Kryptowährung besaß und nur Miner belohnt wurden, um die Sicherheit des Netzwerks zu unterstützen.

Bitcoin hat 18 Millionen Münzen im Umlauf, wobei 21 Millionen insgesamt abgebaut werden, was dazu führt, dass keine Firma, kein Team und schon gar keine Einzelperson mehr als 50% der gesamten Münzen besitzen kann, ebenso hat Ripple (XRP), 43 Milliarden Münzen im Umlauf von 100 Milliarden ausgegebenen Münzen.

In diesem Fall sind insgesamt über 50% der im Umlauf befindlichen Coins unter der Kontrolle der Gründer sowie der interessierten Mitglieder, ein Faktor, der für viele nicht positiv ist, diese Bewertung sollte bei jeder der Kryptowährungen praktiziert werden.

3. **Wertversprechen und der Faktor Wettbewerber**

Im Fall von Kryptowährungen haben sie einen Wertvorschlag hinter jedem, das ist der Unterschied zwischen dem einen und dem anderen, im Fall von Bitcoin zum Beispiel, behält es ein viel sichereres und dezentralisiertes Netzwerk, dies bewirkt, dass sie verwendet werden können, um Transaktionen durchzuführen, die nicht zensiert sind, von überall auf der Welt.

Auf der anderen Seite gibt es andere Kryptowährungen, die versuchen, das gleiche Wertversprechen zu bieten, aber es ist ein schwieriger Punkt, Bitcoin zu überwinden, jedoch gibt es eine große Vielfalt an Kryptowährungen mit einem hohen Maß an Privatsphäre bei Transaktionen wie Monero (XMR), Grin (GRIN) und ZCash (ZEC).

Jede Art von Kryptowährung hat eine anfängliche Verteilung, zusätzlich zu den Mining-Algorithmen, seine eigene Technologie erleichtert die Verschlüsselung, so dass es eine ideale Leistung auf verschiedenen Situationen erhält, dies zeigt, dass es ein Muss ist, den Wertvorschlag der Kryptowährung zu finden, zusätzlich zu wissen, die Konkurrenten es hat.

Denn wenn zwei Kryptowährungen den gleichen Mining-Algorithmus haben, konzentriert sich alles auf diejenige mit der geringeren Rechenleistung, wodurch das Netzwerk leichter angreifbar wird, was bedeutet, dass sie nicht sicher sind.

4. Währung oder Token

Für den Fall, dass es sich um eine proprietäre Blockchain handelt, sowie ein Superio-Token, das auf einer anderen Kette ist, bedeutet dies, dass, wenn es ein Token ist, das eine andere Blockchain verwendet das Netzwerk gesichert ist, wie es der Fall mit OmiseGo (OMG) ist, ein Zahlungssystem, das die Ethereum-Blockchain ausübt.

Dies erhöht die Sicherheit, denn wenn ein Angreifer versucht, OmiseGo zu hacken, müsste er gleichzeitig auch Ethereum hacken. Daher ist es wichtig zu wissen, ob die Blockchain Proof-of-Work oder auch Proof-of-Stake verwendet, um Betrug zu verhindern.

Wenn eine Blockchain Proof of Work hat, bedeutet das, dass sie ein positives Berechnungsniveau hat, das nicht angegriffen werden kann. Auf der anderen Seite, wenn eine Blockchain Proof of Possession hat, ist es wichtig zu verstehen, ob es eine Stiftung oder einen Schöpfer gibt, der mehr als 50% der Coins hält.

Ein weiterer Punkt, den es zu untersuchen gilt, ist die Anzahl der Knoten, denn dadurch kann das Netzwerk gesichert werden, da man Informationen darüber erhält, wer es kontrolliert. Im Fall von EOS hat es nur 21 Knoten, die ständig Blöcke produzieren, während Tezos mehr als 400 Knoten hat.

Ebenso gibt es bestimmte technische Faktoren zu berücksichtigen, denn in der Fundamentalanalyse werden die nützlichsten Aspekte berücksichtigt, um Kontakt mit dem zu haben, was hinter der Kryptowährung steckt, ist es wichtig, alles zu untersuchen, was Sie können, so dass jeder Schritt eine sichere Leiter wird.

5. Band

Es ist ein Wert, der durch das Volumen der Käufe und Verkäufe repräsentiert wird, die auf einer täglichen Basis generiert werden, es stellt einen Indikator des Interesses dar, der von den Menschen abhängt, die auf dem Markt übereinstimmen, deshalb sind die Kryptowährungen, die mehr Kapitalisierung haben, diejenigen, die die ersten Plätze jeder Spitze oder Klassifizierung besetzen.

Alles dank der Tatsache, dass sie Volumina von Milliarden von Dollar pro Tag haben, und es ist auch möglich, weil sie auf den meisten Börsen gekauft werden können, haben sie eine offene Tür für den Handel, so dass diese Plattformen können vorhersagen und bewegen eine große Menge an Volumen, wobei eine nützliche Informationen Punkt.

Jede der Börsen ist darauf ausgerichtet, Provisionen für jeden Kauf und Verkauf von Kryptowährungen zu erhalten, je mehr Nutzer an dieser Dynamik teilnehmen, desto mehr Geld bekommen sie, im Fall von Tezos war es eine von denen, die ein tägliches Volumen von 2 bis 5 Millionen aufrechterhalten konnte und von den meisten Börsen übersehen wurde.

Dies änderte sich, da es unter Coinbase und Binance gehandelt wurde, da dies zu einer Anhäufung von über 100 Millionen Dollar führte, plus tägliches Volumen mit 100% Wertsteigerung über den Preis, auf der anderen Seite sind niedrige Volumina ein Indikator für das, was nicht auf dem Radar der Benutzer ist.

Wenn solide Fundamentaldaten vorhanden sind, besteht kein Zweifel, dass das Volumen ein steigendes Verhalten erzeugt und die Börsen am Ende das Angebot einer solchen Währung an ihrer Börse veräußern.

6. Die Gemeinschaft

Blockchains werden von den Menschen entwickelt, die diese Assets nutzen, da ihr Beitrag eine Verbesserung darstellt und auf unterschiedliche Interessen zurückzuführen ist. Daher ist die Recherche in sozialen Netzwerken und Foren unerlässlich, da es hilft, die Anzahl der Menschen zu kennen, die hinter einer Kryptowährung stehen.

Wenn es eine solide und engagierte Gemeinschaft gibt, sind die Chancen für eine Kryptowährung, die langfristig überleben kann, erhöht. Eines der Projekte, das im Trend liegt, ist GRIN, weil es durch Spenden finanziert wird, diese Art der Geburt setzt einen Trend in der Finanzwelt.

Anhand von drei Kryptowährungen mit großer Popularität und Potenzial, wie Tezos, ZCash und Ethereum, kann diese fundamentale Analyse an jeder einzelnen praktiziert werden:

- **Fundamentale Analyse von Tezos**

Die Kryptowährung Tezos hat die Modalität oder den Betrieb einer Blockchain mit drei Wertvorschlägen, in der Smart Contracts, Blockchain-Beschränkung und Proof-of-Stake-Entwicklung durch Stellvertreter integriert sind, und gilt als eine der anspruchsvollsten Blockchains.

Die dezentrale Blockchain von Tezos (XTZ), ermöglicht die Durchführung der oben genannten Transaktionen, und sein Design versucht, die Fehler zu korrigieren, die gemacht wurden oder Ethereum hatte, alles dank der Tatsache, dass es effiziente Verbesserungsmechanismen hat, und erzeugt keine Art von Konflikt auf die Gemeinschaft.

In Bezug auf die fundamentale Analyse, Konsens erreicht wurde, basierend auf der Tatsache, dass der Besitz Test bestimmt, wenn Sie eine bestimmte Menge an Token, als die am wenigsten daran interessiert, die Durchführung einer Art von Betrug, auf der anderen Seite, die Bank hat eine Ziel-Block-Zeit in der Nähe von einer Minute.

Etwa 80% der Token sind Banking, alle 4.096 Blöcke sind in etwa 3 Tage erfüllt, um den Zyklus zu vervollständigen, um weiter zu gehen, um die Auszeichnungen zu zahlen, wegen des Protokolls Update-Aspekt, es ist 4 Stimmen, mit einem Zyklus von 3 Monaten.

Darüber hinaus ist die Programmiersprache, die implementiert wird, als OCaml bekannt, ein weiterer Aspekt, der untersucht wird, sind die täglichen Transaktionen, die in 20.000 und 40.000 aufrechterhalten werden, und hat sogar eine Spitze von 100.000 Transaktionen erreicht, ein wichtiger

Wert ist die aktiven Adressen, da der Wert eines Netzwerks als das Quadrat der Anzahl der Benutzer im System geschätzt wird.

- ## **Fundamentale Analyse von ZCash**

Im Allgemeinen bestimmt die Analyse, die Zcash entspricht, eine Blockchain, es ist auf dem Bitcoin-Protokoll gewidmet, es hat große Ähnlichkeit, es hat auch eine optionale Privatsphäre Ebene, diese Studien basieren auf der interessanten Technologie hinter der Kryptowährung, um Zugang zu einer größeren Marge der Privatsphäre zu haben.

Ein Detail unter diesem Szenario analysiert, ist das Wertangebot und Konkurrenten, da die Daten geschützt ist, aus dem Absender, der Betrag und sogar der Empfänger, weil die Transaktionen eine eindeutige Signatur haben, hilft dies ZCashs Marktanteil auf diese Währungen erreicht 17%.

Seine unabhängige Seite, eine eigene Währung zu haben, erleichtert alles mit seinem Bergbau-Algorithmus, dieser wird als Equihash bezeichnet, und die Marktkapitalisierung hat 2,7 Milliarden Dollar erreicht, basierend auf diesen Informationen wird die maximale Spitze, die der Markt präsentiert, bestimmt.

Auf der anderen Seite ist die Menge der im Umlauf befindlichen Münzen ein Konzept, das zu verwalten ist, weil das, was gemined wurde, eine nahe Zukunft über diese Kryptowährung projizieren kann, was dabei hilft, zu wissen, in welcher Art von Periode sich die Technologie befindet, zum Beispiel, in diesem Fall geht sie durch eine hohe Emissionsphase.

Inmitten dieser Überlegungen wird die Frage des Volumens hinzugefügt, um zu berücksichtigen, dass Zcash eine hohe Liquidität als Kryptowährung hat, es erleichtert auch die Durchführung von großen Käufen, ohne einen direkten Einfluss auf den Preis zu haben, um sicherzustellen, dass jede Maßnahme einen Vergleich mit der Anzahl der täglichen Transaktionen gemacht werden kann.

Jeder Wert, der innerhalb des Netzwerks übertragen wird, ist schätzbar, obwohl es keine unabdingbare Information ist, um die Zukunft der Kryptowährung zu kennen, und in jeder Situation kann die Gemeinschaft hinter diesem Vermögenswert konsultiert werden, da sie Updates zu Entwicklungen und Diskussionen in Bezug auf den Vermögenswert herausgibt.

- **Fundamentale Analyse von Ethereum**

Die Studien der Inzidenzen von Ethereum, beginnen mit der Feststellung oder Schätzung, dass es eine der ersten Blockchains mit Smart Contracts ist, wo es die Möglichkeit gibt, einige dezentrale Anwendungen zu programmieren, in der Mitte der Studien Faktoren beinhaltet die Aktualisierung des Protokolls.

Jeder der Teilnehmer innerhalb dieses Netzwerks, führt eine "hard-fork", zusätzlich gibt es Ethereum 2.0, wo es eine umfassende Neugestaltung des Netzwerks, zusätzlich gibt es die Updates, basierend auf einer Änderung der Bergbau-Algorithmus, der ausgesetzt ist, zu ändern, und ist Teil der "Programmatic proof-of-work".

Auf einer anderen Ebene geht es um die Untersuchung der dedizierten Rechenleistung, die als ein Wert gemessen wird, der in der Zukunft erhöht werden soll, um ein maximales Niveau zu erreichen, inmitten dieser Schätzungen kann die Inflation, die ein jährlich wiederkehrender Wert ist, nicht übersehen werden.

Auf der anderen Seite ist die Nutzung des Netzwerks wichtig, mit der Verwendung von Übergangsblöcken, und in Bezug auf anstehende Transaktionen, wo es nicht für die Art der

Nachfrage von Anwendungen, die auf dem Netzwerk arbeiten, ausreicht, um Entlastung auf dem Netzwerk zu suchen, werden bestimmte Entlastungsaktionen angewendet.

Ein ebenso relevanter Aspekt sind die täglichen Transaktionen, die in diesem Fall ein historisches Maximum von 30% erreichen, wobei jede Anzahl von Operationen direkt mit dem Preis der Währung zusammenhängt. Ein wesentliches Detail ist die Anzahl der Knoten, da es 6700 aktive Knoten hat, was den Mangel an teurer Ausrüstung verursacht.

Darüber hinaus zählen die dapps und pflegen eine Menge in der Nähe von 200.000 aktiven Nutzern auf einer monatlichen Basis, auf der anderen Seite, die Informationen von Google Trends weltweit, sind eine feste Referenz, um nicht den Überblick über das Auftreten von cryptocurrencies zu verlieren, und in diesem Fall spielt eine Schlüsselrolle, um über Erhöhungen zu lernen.

www.ingramcontent.com/pod-product-compliance
Lightning Source LLC
Chambersburg PA
CBHW070437220526
45466CB00004B/1709